ADDICTED

沉醉

保险真魅力

TO THE CHARM

OF INSURANCE

方磊 / 著

中国青年出版社

（京）新登字083号

图书在版编目（CIP）数据

沉醉：保险真魅力 / 方磊著. ——北京：
中国青年出版社，2013.6
ISBN 978-7-5153-1738-0

Ⅰ．①沉… Ⅱ．①方… Ⅲ．①保险业－名人－列传－世界
Ⅳ．①K815.34

中国版本图书馆CIP数据核字(2013)第137792号

责任编辑：彭明榜
书籍设计：孙初＋林业

中国青年出版社 出版 发行
社址：北京东四12条21号
邮政编码：100708
网址：www.cyp.com.cn
编辑部电话：（010）57350506
门市部电话：（010）57350370
北京市顺诚彩色印刷有限公司印刷　　新华书店经销

700mm×1000mm　1/16　19.5印张　225千字
2013年7月北京第1版　2013年7月北京第1次印刷
定价：40.00元

本书如有印装质量问题，请凭购书发票与质检部联系调换
联系电话：（010）57350377

目录

CONTENTS

序 ───────────

本色 ————————————

先锋 ————————————

前线

特别推荐

序

追逐保险业前行的脚步

■ 郝演苏

在北京飞往洛杉矶的航班上，我读完了《中国保险报》著名记者、青年作家方磊所著的《沉醉：保险真魅力》，这是继我看过方磊所采写《真容：保险大角色》专访集之后又一本全新内容的独家采访专著。这本书中既有我的老朋友，也有耳熟能详的人物，也有第一次认识的同行者。掩卷后栩栩如生的"大角色"仍然在脑海里前行，铿锵有力的脚步书写着保险业的历史，记载着保险业的昨天和今天，也揭示着保险业的明天。

今年是我从事保险教学与研究工作30年，见证了30年来中国保险业的发展和国际保险业的变迁，其间也接触了无数在保险业深耕的大小人物。透过《沉醉：保险真魅力》，从金融界瞩目的跨国保险集团董事长，到扎根乡土民间的平凡的保险代理人，从既有知难而上勤勉耕耘于农保的金融志士，到奋发激昂、不屈不挠的青年企业家新锐，字里行间，我仿佛看到了30年来孜孜不倦、追逐行业前行进步的朋友们。无论是认识的还是不认识的，无论是董事长还是营销员，他们为保险业的发展所付出的努力告诉我，他们都是"大角色"，而方磊的这本书却让我看到了他们的"真容"，让我从字里行间重新认识老朋友，让我从工笔画般的文字中进一步了解那些耳熟能详的人物，让我从潺潺流水的词语中感受新朋友对于事业的执着和忠诚。

1347年10月23日，意大利商船"圣·科勒拉"号船长和商人乔治·勒克维伦签署的一份在今天看来并不完备的协议标志着现代商业保险的起源。其后，保险业迅速在全世界发展起来，保险成为现代经济社会可持续运行不可或缺的重要制度。由于保险业务运行的特殊性有别于人们司空见惯的生产和服务过程，许多人对于保险缺乏了解，需要保险从业人员从最基本的普及和宣传保险知识做起，并且还要忍受由于缺乏保险知识所产生的误解。因此，投身保险行业必须要有一种韧性，或者说要有一种执着的精神。在《沉醉：保险真魅力》中所描绘的这些保险行业的大小人物的身上，我们可以看到这种韧性和执着的精神。同样，在本书的"特别推荐"栏目所介绍的那些并非从事保险行业的"大角色"身上，我们仍然可以看到这种韧性和执着的精神。

我非常希望我的学生们能够一读《沉醉：保险真魅力》，这本书可以给年轻人很多启迪。透过书中介绍的这些"大角色"的真容，我们可以学习怎样做人、怎样做事、怎样生活。书中的每一个人都是年轻人的楷模，如果能够学会这些"大角色"做人、做事和生活的态度，我们也可以成为追逐保险业前行脚步的大角色！

（作者系中央财经大学保险学院院长、博士研究生导师、

全国保险专业研究生教育指导委员会秘书长）

单纯人写复杂事：寻找融入生命的事业体验

■ 童大焕

方磊是属于那种可以一直做朋友的人。因为单纯。

但是单纯的他却一直在致力于做复杂的事，研究复杂的人、复杂的历史。《中国保险报》的"人物"和"历史"两个被读者瞩目的版块，居然由他这样一个作家、足球运动员，写诗、写小说的充满了浪漫想象的年轻人担纲，实在是一件奇妙的事情，也更是自然的一件事。他多年坚持，终成硕果。

方磊的成功，也许就在于单纯，在于专注，用一颗单纯的心，用充满好奇的眼睛，专注地深入采访对象的内心世界。人物采访，一般有两条道路可供选择：一种是以旁观者的角度，冷眼观察、描述采访对象；一种是以同行者的角度，热心体察，仔细触摸和感受人物的心跳。两种方式各有利弊。方磊目前选择的似乎更倾向于后一种。这种方式，使他对采访对象有一种更加感同身受的零距离共振和体验，也更能得到采访对象的呼应。

方磊正是这样丝丝入扣地深入采访对象的内心，一起去寻找融入生命的事业体验。比如《一生》，写的是一个摄影活动，把一个基层保险员工的心和一位百岁老人的命运紧紧联系在一起，摄影不但培育了主人公发现美的眼睛，更培养了发现美的能力，而且让当事人的心灵也更美。

《海之尽头》描写法国安盟保险集团常年赞助的帆船运动明星弗兰克·卡玛斯，简短的对话直抵人物的心灵：

方磊：您第一次驾驶帆船参赛是怎样的感受和情境？

卡玛斯：自由的感觉。

方磊：您感到最幸福的事是什么？

卡玛斯：在激情中生活。

方磊：现代生活给您带来的最大烦恼是什么？

卡玛斯：时间的约束。

方磊：您最喜欢的动物是什么？为什么？

卡玛斯：小猫，因为它们喜欢独立。

方磊：您认为一个好的竞技团队是怎样一种氛围？

卡玛斯：相互信任。

方磊：您认为一个好的团队领导者应具备哪些素养？

卡玛斯：坚持不懈，有毅力，不气馁。

方磊：您认为人最可贵的是什么？

卡玛斯：拥有激情。

方磊：在陆地上与在大海上您看待这个世界时，感受有什么不同？

卡玛斯：从海上看世界，世界很小。

《诗歌的弧线》写的是作为诗人的平安人寿董事长丁当，在管理企业、建立企业文化时却有着格外清晰而又坚定的价值理性，也许正是这种坚定的理性，使这个企业得以走上快速发展的道路：

企业文化，企业价值观是丁当极为在乎和看重的。"一个企业，一个组织必须有灵魂，像我们企业50多万人的大家庭要树立一个共同的价值观，这不仅为了我们自身的生存和发展，更重要的是为社会贡献价值。"丁当直率告诉我，保险行业对于他有着很大的吸引力，"保险这样一种商业慈善是人类文明史上独一无二的伟大发明。科学合理实施了社会救助功能，是对社会价值的贡献"，在其中他寻找到属于自己的恰当职业定位。

把慈善的价值观，把自己对保险的感悟与体悟注入员工的思想，注入企业的内在文化，为企业与个人带来向善的力量，为社会提供有价值的理想和行为，为社会的和谐提供能量，这是丁当寄望在现今岗位的践行中能牵引企业成长的有意义和有价值的内容。"作为一个人而言，当灵魂跟不上肉体时非常危险，对于一个企业，除了技能之外的一些东西都需要伴随着经济社会价值体系的发展而重建。"丁当确信，技能之外的某些内容对于一个企业的存亡进退更为关键。

有一位极清醒极独立的台湾艺人，她叫伊能静。多年前她曾说，艺人要红很容易，但红得久却不容易。无论哪个圈子，最后留下来的一定是那些经历丰富的，内心纯真的，用简单的心对待复杂的事和人。

用简单的心对待复杂的人，往往看得透彻活得简单自然。方磊就是一个内心单纯的人。当然，今天的方磊年龄还不够大，经历也许还不够丰富，在生命的三个过程或者说三种境界——"看山是山——看山不是山——看山还是山"中，他也许暂时还在第一第二种过程，但只要保持这种单纯与专注，相信未来会越来越清澈明朗。也祝福他在未来的文学和人物记者生涯中，文字更老辣，判断更精准。

（作者系原中国保险报评论主编，现为独立学者）

多重身份的认同

■ 高星

他的那些思想，就如狂怒的猎犬，

沿着那坎坷崎岖的路，追赶着它们的父亲，它们的猎物。

——雪莱《阿多尼斯》

　　记者的敏锐和嗅觉，当然比得上一只猎犬。这么说，并不是认同记者所谓狗仔队的形象，而是说当记者面对采访的对象，能够油然激起一种本能的欲望，即将成为他笔下的人物，就像自己的"猎物"一般，进而深度挖掘和认知，完全近乎一只猎犬，而且是一只"狂怒的猎犬"。

　　作为一名记者，方磊自有他独到的口味，他的人物采访，绝对不是千篇一律的片儿汤，而是货真价实的菜肴。他对每一个被采访人的关注不是仅在于其外表，而是要对其生命进行全方位的解读，精细的解剖，甚至是深入骨髓的"巧取豪夺"。其实，这样才是对笔下的人物的最大的尊重，因为还原了他们的真实。同时也是对读者的最大的尊重，因为他们获得了一道得以悄悄进入的大餐与盛宴。

　　记者的荣耀就是他的独立性。当下有关企业的新闻报道、人物通讯稿件，大多已变成软文，因为记者的骨头已软，拿了人家手短。那种由企业，特别是金融保险企业提供的统发稿，完全是在自欺欺人，那些密密麻麻的铅字最终变成的是黑色的幕布或是一场虚无。

方磊在生活中是一个爱憎分明的人，他对采访人物的选择，就像他对交友一样分明和较真。他不是靠人物的社会背景作表皮简单的说明，或用煞有介事的花絮让人信以为真，而是在行文中极力诉诸自己的情感和好恶，但又不是强加于人，以令人信服的鲜明形象，让每一个人物跃然纸上，感人至深。

方磊的视角决定了他笔下的人物视角的认知，也决定了读者对他所记述人物远近的把握。例如他在记述法国安盟保险集团常年赞助的帆船运动明星弗兰克·卡玛斯的《海的尽头》中所说："从人们的位置看过去，他们是那么的微小，以致很快将隐匿不见。仿佛某种障目术的显现，暂时切断了与我们的联系。其实在他们的视野里，我们这些观众、岸上的人们、陆地上的城市才是微小的，小得根本不足以使航海者望见。"芸芸众生之中，有谁让我高看一眼，我们的视野大多近在咫尺，因而有些模糊，甚至目力所及也是一些偏见，理所当然地分辨不清远近大小。

一个人拥有的洞察力并不新鲜，新鲜的是这种洞察力大胆清晰的表达。当方磊面对一个美发师时，他并没有像用他的手艺一样去美化他，而是去为他卸妆。在《指尖上的舞蹈》中，方磊随着美发师唐付军的表达，引导出："他说，他还是为了钱，他想去做专业发型师，可以有更多的收入改善自己一无所有的处境。钱，这个字，像醇香扑鼻的菜肴，无限诱惑着一个饥饿的人。钱是唐付军年少萌动中最直接最强烈的诱惑，在曾经的时光里也是他奋发的唯一方向。"充满哲思的语言，让我们的阅读浮上云端。处身情境的动机，才是理解的渊源。有的时候，当一种观念呈现的是被遮蔽的伦理道德时，被绑架的虚假成为熟视无睹的陋习，说出一点真话，还真需要点胆量。

美国诗人艾略特指出："关于人，我所知有限，不过我可以肯定，我们头脑的思路并非如此，也不可能如此。我们无法在真空状态下探讨终极问题；我们的心智、识力、生活经历，必须全部挖掘出来，才能处理这些问题；而我们的部分精力就是在比较有限的背景下，通过处理这些次要问题而获得的；同时正是这些次要问题，为我们提供了攻克首要问题的真理。"纷繁杂陈的描述可能正与生活的精细息息相关，方磊为我们提供解释的答案的某种思考，更让我们发现对人新的认识。

方磊以年轻的阅历，如何让人得以信服，这是一种大的考验，他的激情和理性在一种微妙的平衡中呈现完美的对称，而不发生偏颇，这与他的知识结构和事业责任有着深刻的联系。

作为一名知名青年作家，方磊笔下的人物似乎全张开了翅膀，生动地扑打着我们的双眼。在《海的尽头》中，人物的出场迎面而来："在海滨酒店大堂，卡玛斯向我走来，他是那么寻常，他的身形和模样在人群中很快会泯然众人，我很难想象他并不高大的清瘦身体里积蓄着怎样的属于海的能量，他的面孔犹如建筑大师手中的雕刻，分明的棱角之内是海水的纹路，或就是一幅浑然天成的用爱与信仰标注的航海图。"

方磊也喜爱戏剧，同样他非常注重任务的出场，就像怕读者失去一见钟情的机缘。当作为一名帆船水手的卡玛斯进入我们的眼帘时，"清瘦身体""雕刻"的"面孔""爱与信仰"，这些由里到外的视觉形象在方磊诗意的淋漓尽致发挥里，传递出一连串的海的意象："海的能量""海水的纹路""航海图"。

同样，方磊笔下的风景，浓重的文学情绪也相得益彰："在凤凰的入夜时分又下起了淅沥的细雨，我再次来到沱江之岸，重新凝望着这个我曾经游走过的千古名镇，岸上行人寥落，浩瀚的黑暗在升腾弥漫，凉薄肃杀的寒风习习入骨，记得当晚我仰望天穹却不见一颗星辰，少数酒吧里故作热烈的音响声更映衬着淡季寒夜瑟瑟冷风里凤凰的无限萧索、凄迷。在零星几个营业的酒吧里，霓虹所摇曳出的迷离光线中，凤凰似乎正在深邃的夜里渐渐溶化，成为一个幻影。宛若一溜儿已经暗淡了色彩的残叶，一道被灰蓝色的雨雾涂抹的寂寞站台。当所有的人声在时光里消退，景状黯淡模糊之后，只有细密的雨声在黑夜里经久不息。"这是方磊在《一生》一文的后记，似乎是游离的画面，但感人的背景让读者进入此情此景，仿佛和他同行采访，他的情绪直接就是读者的情绪，他的眼中所见就是读者眼中所见。营造情绪的高手，就是把你推到"瑟瑟冷风"的"寒夜"，就是为你点亮"迷离""摇曳"的"霓虹"。

美国文学家艾布拉姆斯在《以文形式》一书中指出："诗人拥有自己的世界，在他的世界中，起作用的不是经验，而是连贯一致的想象。""诗人以澄澈的智慧、自我洞察和活力，用精湛的技艺塑造了他。"

我记得在方磊上一本人物采访专著《真容：保险大角色》中便用叶芝的诗句记述格林伯格，在这本新作中，他面对本身就是当代著名诗人的平安人寿董事长丁当时，肯定是谈飞了的感觉。"当丁当先生写诗的时候，我开始试着去读那些被称为诗歌的文字。如今，当我尝试着写诗的时候，丁当先生已是国内保险业久负盛名的代表性人物之一。往昔，我们的交集是诗歌，现今，我们重合于保险。诗歌、保险，在命运错综交错之间，我们之间的交流仿若是一种必然。"（《诗歌的弧线》）其实，当一个作家面对另一个诗人时，多少有些尴尬，尤其是一位公司的老板诗人。但方磊看到的是彼此"命运"的"错综交错"，因此，"交流仿若是一种必然。"

文学性的文本可能是这类人物记述或采访的最要命的地方，要的是人物的生命。尽管这是一本保险行业的人物采访，但它的文学意义把人类的共通性普遍性的价值观形象化和感染层级一下拔高了许多。

作为一名足球运动员、曾经投身组建过摇滚乐队的乐手，方磊的行文充满张力和节奏，张弛有度。足球和摇滚，最具青春的笔力和时尚的魔力，张扬的活力和运动感，让文字跳跃和急速地跃入，视觉四溢。文中几乎所有的细节都呈现意味深长的世界，激烈的冲突和弦外之音，共同构成软硬交替的互补，让人的记忆和想象流动的轨迹，可以摆脱时间的独裁，充满臆测。

在采访方式上，方磊必须做到面对面、且备课大于最后的成文。在文体形式上，方磊坚持着正文、记者手记、人物简介、人物格言四位一体式的组合，使人物尽可能地立体多面。丰富的信息量，统一的文体格式，自动成为系列的阅读。

在《诗歌的弧线》的后记中，让我觉得这样的话语当然是不可或缺的："其实，我一直最想问丁当先生的一个问题是，他更希望人们记住他是诗人，记住他的诗歌还是他是成功的保险经理人？但我最终没有问，我想也许对他对未来留些悬疑会更值得玩味。至少在谈起诗歌曾经的峥嵘年代时，在丁当淡然从容追忆的讲述中，我还是深切感觉到了他内心的自豪和欣慰。"

"商界沉浮中，漂流的大多是一个个庸俗的故事，但总有某些人某些事令我们感怀生命、命运，使我们发觉生活的奇妙。"角色的变化和确认，或许并不重要，或许需要时间和反复的论证，但"奇妙"的生活和生命、命运，是让我们纠结和感怀不尽的。

艾略特在评论少年诗人艾伦·坡时指出："他所表现出的自然、力学和超自然的奇迹，密文和暗号，谜语和迷宫，机械操作棋手以及迸发出的各种奇思妙想，他的好奇心的多样性和强烈感令人快乐。"

时刻体现出充沛的体能和冲动的心态，让生活中或者现实中的方磊，有着极强的个性，也有着青年天才的另类和孤傲。他的语速和表达的思辨是并行的，他的表达欲不是你所可以掌控的，甚至是一种霸权式的。足球运动员、摇滚乐手都是身体好的人的特权，年轻的特权，所以，我认可他在行文中施与语言的暴力，也谅解他在生活交往中的唐突和不适。有时他的取舍又是那样的讲究和较真，像对待一种画面的构图和颜色，价值取向和审美观是那样的个人化。

比如他平时较少回复短信和电话，但他有时为一篇小说、一幕话剧，有感而发的短信却又几百字，呈现在手机屏幕上，黑压压一片，那都是他一字一字输入的。记得那年他奶奶去世，他接连几次发来的充满悲情的感叹和诗作，在短信中，简直就是一篇长长的散文作品，让我不知如何回复是好。他情感的丰富和处事的孤独形成强烈的反差，脆弱和细腻让他男儿的形象，越发地模糊。

总之，拥有多种身份的方磊，是随时要颠覆自己的身份构成，化解固定的模式。他最关注的是如何把笔下的人物极尽勾画表达，毫不吝惜笔墨地塑造，如同把最要好的朋友和亲近的人介绍给我们相识。每当这时，我就觉得方磊绝对不是一个自私的人。

（作者系著名诗人）

海之尽头来，海之尽头去

■ 王安

海之尽头是保险。这话说得有点不靠谱。尤其当我告诉你，这话的意思，与现代商业保险起源于海运没有半点关系——就更不靠谱了。

先说这本书吧。《中国保险报》名记者方磊写过一堆保险大角色，里面有AIG前老板莫里斯·格林伯格，劳合社主席列文勋爵，法国安盟前总裁阿泽马等等，这些都是些保险业大佬，所谓英雄创造历史。但是，还有一种说法，小人物也是不可忽视的，有时候他们比大佬还重要。

这是玄学。如何让它更玄？——小人物的保险素养、业务技巧、工作刻苦都是不重要的，而他们的业余活儿路，那些八竿子打不到的风云八卦，才决定了他们的成功。不信看看丁当。

平安人寿董事长丁当大红之前写过一首诗《房子》：你躲在房子里，你躲在城市里，你躲在冬天里，你躲在自己的黄皮肤里，你躲在吃得饱穿得暖的地方……拿一张很大的白纸，拿一盒彩色铅笔，画一座房子，画一个女人，画三个孩子，画一桌酒菜，画几个朋友，画上温暖的颜色，画上幸福的颜色，画上高高兴兴，画上心平气和，然后挂在墙上，然后看了又看，然后想了又想，然后上床睡觉……

这是什么精神？这是国际主义精神？这是共产主义精神？不是，这是现实主义精神，这是唯物主义精神。莫言就很恰当地诠释了这种精神，他说，他认真写字不是为了拿诺奖，而是每天都能吃上饺子。当然，莫言吃完了饺子，仍然努力写字。

而丁当吃饱了洗洗睡下，也没闲着。他要做大事业，当大角色。怎么干？技术很重要，但那是操作层面。更重要的是灵魂。马克思说，一个幽灵在欧洲上空游荡。丁当说，一个企业，一个组织必须有灵魂，像我们企业50多万人的大家庭，要树立一个共同的价值观，这不仅为了我们自身的生存和发展，更重要的是为社会贡献价值。

人吃饱了要事业，事业发达了要尊严，有了尊严要权利，之后怎么办？就要形而上了，要探究人的本源，进入宗教范畴了。丁当说，保险这样一种商业慈善，是人类文明史上独一无二的伟大发明，科学合理实施了社会救助功能，是对社会价值的贡献，在其中他寻找到了属于自己的职业定位。这是商业与宗教的完美结合。

面朝大海，春暖花开。多俗的两句话，到了海子手里，就放出灿烂。一张白纸，一盒彩色铅笔，到了丁当手里，就完美了，老婆孩子热炕头嘛，无限的精神满足变幻成丰厚的保险业绩回报。

其实，整个中国都在寻找这种完美结合，以对付全民腐败。比如，如何不占医保的便宜？

丁当的故事还可以引申到李江红身上。

中国人寿浙江省温州分公司银海团队负责人李江红1989年复旦大学毕业，1995年7月进入中国人寿当保险营销员，2006年起担任中国人寿个险精英俱乐部主席，2008年获世界华人寿险大会最高奖项主管白金奖。

如果李江红是保险专业科班出身，在保险业，她还能如此出色吗？

又是一个冥冥之中的说法。1995年教师节那一天，大学教师李江红讲完课后，嗓子哑了。这或许是命运对她的一种启示，犹如马克思说的欧洲上空的幽灵的指引，李江红从大学教师变身为保险代理人，成就为一位保险营销大家。

一定是在复旦大学，哪个早上或黄昏，哪位老师不经意的话语，在李江红心里种下了保险的根儿。

播种细无声。法国人弗兰克·卡玛斯是著名的欧洲航海帆船运动员，本与保险没大交集，却因法国安盟保险集团常年赞助帆船运动而结缘。

这不重要，重要的是在心里。因为长年在海的尽头，那无止境的风险和孤独，使卡玛斯更真切地感受到陆地上的舒适，更加珍惜并感恩陆地间的寻常生活。

因为在海尽头，才更懂得保险。

在保险业，乃至在整个人类社会，每个人都是过客，都是以不同方式进入、拓展和成就的。都是从海之尽头来，末了又回到海之尽头去，如何分清谁是大佬谁是小人物？

（作者系著名媒体人）

本 色

丁当

丁当（原名丁新民）：

中国朦胧诗重要代表诗人之一。

1993年加入中国平安，先后担任总办宣传室主任、总办调研室主任和总办主任助理、副主任，后出任中国平安人寿深圳分公司主持工作的副总经理、北京分公司主持工作的副总经理。2002年出任平安人寿北区事业部总经理，后又相继被任命为平安人寿总经理助理和副总经理。

2005年10月－2007年　出任合众人寿总裁。在合众人寿任职一年半后，丁当回归平安，担任平安人寿副总经理一职，此后担任公司常务副总经理、总经理。

2010年初任平安人寿总经理。

2012年2月至今　平安人寿董事长。

诗歌的弧线

房子

你躲在房子里

你躲在城市里

你躲在冬天里

你躲在自己的黄皮肤里

你躲在吃得饱穿得暖的地方

你在没有时间的地方

你在不是地方的地方

你就在命里注定的地方

有时候饥饿

有时候困倦

有时候无可奈何

有时候默不作声

或者自己动手做饭

或者躺在床上不起

或者很卫生很优雅的出恭

或者看一本伤感的爱情小说

给炉子再加一块煤

给朋友写一封信再撕掉

翻翻以前的日记沉思冥想

翻翻以前的旧衣服套上走几步

再坐到那把破木椅上点支烟

再喝掉那半杯凉咖啡

拿一张很大的白纸

拿一盒彩色铅笔

画一座房子

画一个女人

画三个孩子

画一桌酒菜

画几个朋友

画上温暖的颜色

画上幸福的颜色

画上高高兴兴

画上心平气和

然后挂在墙上

然后看了又看

然后想了又想

然后上床睡觉

1984

　　29年前这座"房子"筑建出来时，我还未上小学；当我年少时第一次走进这间"房子"，这座"房子"的主人已离开了这间"房子"，他去向另一个气象迥异的地方建筑着新的"房子"。

　　提起丁当先生，在我供职于现今这家媒体之前，我对他的全部记忆、怀想和感触都留驻于他的诗歌。直到文学与诗歌暗哑黯然的今天，他所代表的那一批朦胧诗人所触发的朦胧诗潮启蒙了太多曾经被诗歌被文学所感召和激荡的年轻心灵，尽管那些奔腾过无数心魄如洪流般的汹涌已远去，但那样一种新生般的心灵震荡却经久不息。

　　当丁当先生写诗的时候，我开始试着去读那些被称为诗歌的文字。如今，当我尝试着写诗的时候，丁当先生已是国内保险业久负盛名的代表性人物之一。往昔，我们的交集是诗歌，现今，我们重合于保险。诗歌、保险，在命运错综交错之间，我们之间的交流仿若是一种必然。

灵魂之重

当我进入目前这家特质鲜明的行业媒体后，对于今天平安人寿董事长丁当的思考热度和焦点倘若抛却与他有关的诗人、诗歌这些曾经的属性之外，我对他近20几年保险属性下的拔乎其萃更加叹为观止：……深圳分公司、北京分公司、北区事业部……，丁当所到之处必能使平安人寿升格为市场霸主。对于一个曾经蜚声四海的诗人会在另一个截然不同的金融领域舞出风生水起，一直让我深感神奇，激发着我对他更多的兴趣。

我能感受得到丁当对于曾经对地方公司的崛起有绝对作用和影响的过往还是心怀欣慰和光荣的，只是他依旧留有稍许遗憾，他甚至觉得当初自己的起点还不够基层，"曾经在分公司岗位的工作经历对我后来事业的发展至关重要，当初如果我是从一个普通寿险代理人做起，可能我将做得更好。"显然对于基层的磨砺，丁当觉得非常必要，对现在的事业也大有裨益。回望当初北京、深圳市场在全系统内能一柱擎天，丁当分析是得益于清晰的战略思想："我是学企业管理出身的，实际工作中我的能力体现在组织管理和组织能力构建上，公司战略实施和最终成效依靠的是管理者构建的组织能力。"

1996年～2002年是丁当保险职业里不寻常的6年，他甚至笃信今天他所收获的正是得益于这6年里的积淀、沉潜和丰沛。"那时我努力在做市场开拓，直接面对多变而残酷的市场，有更多直接与基层员工、与客户的接触和交流。"正是对一线市场的把握与洞悉，对基层员工的真切感知和亲近，对客户心里需求的认知，才使得丁当在今天的高屋建瓴中可以较从容地有的放矢、运筹帷幄。

企业文化，也就是企业的价值观，是丁当极为在乎和看重的。"一个企业、一个组织必须有灵魂，像我们企业50多万人的大家庭要树立一个共同的价值观，这不仅为了我们自身的生存和发展，更重要的是为社会贡献价值，为员工创造生命的意义！"丁当告诉我，年轻、开放的中国保险行业就像当初的诗歌一样，深深激发了自己的创作灵感，并使其二十年如一日地沉迷其中！现在，自己对于保险业甚至有了一种宗教般的热情。

慈善文化是丁当执掌平安人寿保险最重要的理念。"人寿保险文化是一种慈善文化，这也是我们一直在向客户传递的保险理念。"丁当觉得保险公司其实就是在做"商业慈善"。"保险是人类文明史上独一无二的伟大发明，保险规则就是通过商业机制实现对人类的自我救赎。这本身就与慈善极为相似。"

把慈善的价值观、把自己对保险的感悟与体悟注入员工的思想，注入企业的内在文化，为员工带来向善的力量，并通过他们向社会持续释放善意，这是丁当寄望在现今岗位的践行中能为企业带来的有意义和有价值的东西。"作为一个人而言，当灵魂跟不上肉体时非常危险，对于一个企业，除了技能之外的一些东西，都需要伴随着经济社会价值体系的发展而重建。"丁当确信，技能之外的某些内容，对于一个企业的存亡更为关键。他向我讲起他认为很富有启迪意义的某知名餐饮企业的案例："那些出身贫寒家庭的孩子们在这家企业里得到培养和锻炼，得到关爱和教育，他们可以用心去为人们提供周到体贴的服务，企业对他们的接受使他们避免成为社会的不安定因子，培养他们成为为社会提供幸福的人。"我想丁当所看重的这家企业具有的启示意义，正是它除了技能之外的内容。

不久前，丁当在平安人寿启动了"凤凰计划"，这个计划旨在打造"平安代理人的慈善信仰"，通过一系列发人深省的宣传、案例教育，以及融入日常工作的管理规范，号召大家远离功利营销，作为爱与责任的使者，怀着善意，以保险产品为载体，唤醒社会及每个家庭的爱心与责任，用每一个平安人的职业精神和专业素养铸就保险善业。丁当认为，现代社会"缺乏轮回的道德观，很多物事由此显得苍白无力"。我担心他的这一论断有唯心之嫌，宗教意味太重，而丁当表示，恰恰是人们缺乏对信仰重要性的认知，"生活断然不可能与宗教分裂开，灵魂的文明也不可逃避信仰的重要性"。由此他鲜明提出了他对市场竞争的论断："企业最大的竞争是信仰的竞争。""我们生产产品所拥有的好价值和对社会的贡献，都是与生命价值密切关联的。向善的积极价值观将会产生极大的生产力。这对于企业的生存，个人的生活都具有最为重要的意义。我们绝不能割裂信仰和价值观对于我们的影响，一个企业缺乏心灵的凝聚力难以实现企业的成功。"丁当确信，信仰的缺失，必定使一个企业的技能实力和组织能力、战略思考都会大打折扣，企业发展与成长都将会受到很大的抑制和阻碍。

离去与回归

离去与回归，丁当用了一年半的光阴。在他的保险征程之中这是一段短暂而不可磨灭的跋涉，"这过程中的经历是我寿险生涯中可贵的财富"。一年半的历程始终使丁当感触深彻。

正当丁当于保险业内声名鹊起时，他突然离开了平安集团，转投一家相对小得多的保险企业，这使当时圈内太多人感到惊诧。"这可能与我个人的性格有关。平安是一家大规模企业，未来发展也很清晰，我想要寻求突破，想要去经历一种引领小公司成长为大企业的创业过程。"在一年半的时间里，丁当将一个几千人的公司带成了过万人的企业，使它拥有滋养的蕴育和茁壮的成长。

一年半后丁当重回平安，这再次成为中国保险业内最灼热的聚焦之一。对于一个人抑或一个企业，一年半的时光都仿若倏忽而逝。但无论是丁当还是平安，都已有了不寻常的改变，这样一次重新相逢是因为深切的缘分和情结，对于双方都更有着全新的意义。"回归平安后，我心中的平安已经与从前所感知的有着很大的差别，我体会最深的就是平安成熟的企业文化和成熟的管理体系。"也许正是从丁当回归平安的那个时刻，作为胸怀一年半管理锦囊与心得的职业经理人，丁当与大型保险集团高端管理者的视野与思想有了真切的契合。"成熟的企业文化与成熟的管理体系"正是他所一直探求与追寻的。

人才流布 引以为荣

一直以来，令丁当深感自豪的是平安人寿在技术引领上凸显优势，"我们在IT技术领域的应用开发与创新得到整个行业的认可，平安向许多保险企业贡献了自己培养的IT高管人才。"然而，这样一种大量人才"转会"在保险市场呈现的格局，是否从另外的角度映衬出平安人寿对人才留存欠缺良策呢？对于我这样的揣测，丁当并不认同。"在一个整体水平很高，人才众多的企业，落差一定会有，再完备的留存人才机制也不可能使企业留下全部人才。公司机制抗衡不了市场机制。企业为人才提供的空间毕竟有限，当我们培养的人才选择去往其他公司时，我们同样是在为整个保险行业作出了贡献，这样一种人才流动，我们引以为荣。"

力主科技创新是丁当一直推崇和坚持的，他相信科技创新对于企业管理、产品研发与销售、客户服务都有着深远的意义和影响。"科技引领金融"是丁当在企业经营思想里鲜明的观念，"在企业的经营与管理中，科技是非常重要的内容，科技对提升服务质量意义巨大，科技创新对客户意味着更便捷、更贴心也更为专业的服务，先进的科技必将为客户创造更多、更大价值。"

如果非要说丁当在保险业的旅程一定与某个人有关，那这个人一定是平安集团的总舵手马明哲。作为平安集团的股肱重臣，丁当对马明哲的评价更显现马明哲对于丁当在保险事业上的影响，"马明哲先生是一个天生的企业家，是个经营天才，对事业异常执着，为了保险事业，他放弃了太多的东西。"

马明哲先生曾经多次用心投入在各种公益和慈善事业中，并竭力避免作宣传，这对丁当震动很大，他为马明哲的人格魅力所深深折服。他觉得在平安文

化建设之中，马明哲先生个人起到很大的作用，他以个人影响向整个企业引入许多商业之外的价值观。丁当认为，平安与马明哲个人能够创业成功，除去多种因素之外，最重要的是马明哲先生个人的格局观和理念。"马明哲先生总是迎难而上，敢想敢干，拥有非凡的格局思想，并能寻找到适当的方法，实现自己的目标。"

让丁当尤为感佩的是，在平安集团实现一次次跨越之后成长为中国保险业生力军的今天，马明哲依旧怀有更远大的目标和理想，孜孜以求。"马明哲先生今天付出的比从前还要大，他比从前还要努力。"

包含诗歌的无尽可能

当丁当坦诚告诉我，他自上世纪90年代初之后不再写作诗歌的时候，我在意外之余多少有些许遗憾，作为曾经万众瞩目犹如潮涨的海浪一般的朦胧诗派席卷中国文坛的标志性人物之一，是否真的早已封笔了呢？丁当的一位诗坛故交曾经愿与丁当相赌，"我朋友曾说如果我再写出一首诗歌，他就杀一头牛，他用他家乡最隆重的方式庆贺。但我不会为了写诗而写诗。"

20年止步于诗歌的丁当很早就不写作了，但他确信的是一首真正的诗歌在20年后一定还能经得起时间的考验。"如果写作不能突破自己，不能有更高境界，只是像从前一样，写作也没有了意义。"

文学与经济是天敌，这曾是我个人所坚信的。但丁当直接表达了他对这个理念的不认同，在他心中"诗意"是广义的，正如他曾经常说的："每个人都是自己的诗人。""诗意的表达是多重的，诗歌只是其中一种文字的表达，更能使公众看到。诗意同样可以用其他方式表达，使人间接感悟到。比如某个建筑就可以向人们展示和显现出诗意。"诗歌的广义在丁当看来也表现在更广泛的行业领域，诗歌并不只属于诗人。"诗歌不是仅局限在诗人之中，比如就我所认识的很多科学家，他们都有很好的诗作，一个人的诗意应该是广义的。"

"写作诗歌应该是在人的青年和老年，这也是一个诗人最好的时刻。中年乏味枯燥也许并不适宜写诗。"我在想，除却命运和际遇之外，林林总总的浮世蹉跎之外，也许丁当对诗歌的止步，在很大程度上有着有意为之的自我放手。只不过在这样一种与诗歌的别离之中是安放着他对诗歌的崇仰与珍爱，对自我的真诚与尊重。

在汹涌商海中鸷驾遨游的丁当已许久不曾关注诗歌了，然而关乎诗歌的情愫依旧留驻在他内心，历经商海上的波谲云诡，他对诗歌的理解有了更多的深悟。"诗歌是表达人类大悲大喜最了不起的途径，甚至在某个特别的时刻，诗歌可以凝聚人心，就像我们国家在发生大地震时，诗歌鼓舞激励着我们民族的顽强不屈。"

今天的商业场冷峻而严酷的生活仿佛与从前写诗论道的悠扬岁月已是霄壤之判，而丁当却依旧对曾经驻守的诗歌家园心有感怀，并深为庆幸。"诗人情怀赋予人更大的格局观，思考问题有更广大的胸怀，使人更浪漫也更有抱负地生活。"回望往昔，丁当不留遗憾，"那些诗歌对于我曾经的生活更有纪念意义，如此而已"。对于那些曾经用青春的热血与激昂，心魂的思索与追寻而铸炼的文字，20多年后再回望，对于它们的主人而言，欣慰大于一切感怀。重新看到那些曾被众多心灵感触，那些自己无比熟悉的文字时，丁当感觉那更像自己青春的背影，"除去才气，那里饱含着青春期的多种元素，那里有着每个人在时代里留下的烙印，难能可贵。"在丁当平和沉稳的言辞中我分明能真切感知到他的激动与珍重，当然还有光荣。

在不经意的某一天，丁当是否会重回诗歌家园？"有的朋友说我更适合成为一名导演"。对于保险生涯后的未来时光，丁当也许不会拒绝一切令他深感意趣而又满怀期待与热忱的尝试，关于他，生活依旧藏着无限的可能和悬念，就如同他当初由一位诗歌的咏叹者变幻为一位高端职业经理人一样充满了神奇和惊叹。

面朝大海，春暖花开的时节仿佛在时光飘摇的剪影里如潮般消散飞逝，那些岁月中曾在骄傲与苦楚之中守望梦乡的人，如花瓣样被时代的疾风和命运的烟雨席卷，四散在迥异的生命旅途。唯有那些闪耀的泣血凝泪的文字和他们的名字嵌刻在月亮上，荡溢铺展在水面中。斗转星移，时过境迁，纷纭的物事与人都在杳杳岁月的烟尘里渐渐隐去，那些变与不变的，都沉潜着，交融成年华和人世。

倘若在某一个并不特别的日子里，在所有人都不经意的某一天，丁当以曾经的身份重新回归他从前守望和耕耘的诗歌家园，我不会有丝毫意外。在这人间物事所有的变换中，我相信自己可以依旧听得出他的歌唱，他那在任何情境之中都不曾抛舍过的歌唱。这也正是在那一刻果真来临时我最愿献给他的……

......

我用平直的嗓音

颂扬伸手可及的生活

怀着一种喜悦的心情

啜饮泛着泡沫的啤酒

然后闭起眼睛歌唱

然后睁开眼睛歌唱

我如此愉快的独自歌唱

想必途经此地的人长久不愿离去

想必老天暗暗为我高兴

全世界的姑娘

都缩头缩脑

把我张望

我这样固执地独自歌唱

直到太阳落尽，夏天消失

直至每对哑巴夫妇竖起四只耳朵

我这样长久的独自歌唱

直至我白发苍苍

我的膝下儿孙成群

——丁当《独自歌唱》

记者手记：

自我供职于目前这家行业性媒体之后，丁当先生一直就是我尤为想要深入交流的人物之一，对于这样一个夙愿，除却丁当本人是中国保险业代表性人物和我职业追求的要素之外，一个更私人化的缘由自然是关乎文学。坦白地讲，曾经与诗歌有过深厚缘分的丁当使我对他的访谈积蓄着热切的期待（而丁当的诗风还恰恰正是我个人所欢喜的那种）。在我眼中，丁当身上充满着矛盾的因子，文学与经济、诗歌与保险、浪漫与严谨、热烈与冷峻，而正是这种种矛盾的和谐、协调甚至统一，令我最深感奇妙和好奇。

其实，就丁当先生这样一位文学和保险圈内都久负盛名的大家，无论他身上呈现出怎样一种气质（诗人的飘逸、散淡、率性抑或作为职业经理人的严肃、庄重、严谨），我认为自己都可以接受和理解，然而他给我的总体印象并非人们脑中诗人或职业经理人那样模式般的感受。平实、质朴、谦和是我对他最初的感知，在采访之前我做功课时，曾经有业内朋友善意提醒我，丁当先生很少谈论曾经写诗的岁月，建议我尽量不要去追溯与诗歌的话题，也许丁当并不愿多说。可我想，如果我们的交流缺失了诗歌这样的主题，无论对于此次采访本身还是我个人的心愿都是痛惜的遗憾。令我欣慰的是，丁当对于诗歌话题与其他和保险相关的内容一样，对我可以说基本还是知无不言的。这也让我体会到他为人的坦诚与真切。

"灵魂"一词，丁当在与我不到两小时的交流中向我提及了近10次之多，这在我专访过的国内国际众多保险大家中是绝无仅有的。丁当还深入与我交流了企业的精神内核、文化本质以及员工心灵及价值观等诸多内容（比如他热切推动的"凤凰计划"），这仿佛都是"灵魂"主题之延展和深化，显然丁当相信作为一个企业与人的个体一样，灵魂的意义非同寻常。甚至，他丝毫不掩饰对宗教的看重，就像他所坚信的宗教对于我们日常生活的不可规避。而一个对灵魂关照和审视的人必定是爱惜名节和看重心灵的，在和丁当先生的从容而直率的交流中，我深切感受到他对心灵和精神价值与意义的思索和追寻，一个诗人的风貌亦在交流的深入之间渐渐显露展现，那颗属于诗人的心灵仿佛从未远去。

纵然在时光的潮涨潮落之中，我从丁当于生活表象中的对诗歌放手，看出他对诗歌恳切赤诚的情怀依旧，从朋友与他用一头牛赌一首诗歌这个有趣的故事能使人领悟到他为人做事的品性和格调。从丁当对诗歌态度的严肃和庄重，可以想象到在自己现今的事业上他自然不会浮夸虚华，而是踏实专注。想必他能成为中国保险业内代表性人物之一，与他这样一种气质有着紧密的关联。

让我备受触动的是，我和丁当交流中曾向他问过一个长期令我费解的问题："在文学与经济金融之中是如何做到成功跨越并都取得非凡成功的？"丁当的回答很坚定，甚至我听出那样一种不容置疑的语气跳脱出我们一直比较平缓柔和的交流氛围："我不认为是转换。我大学期间学的就是企业管理，我的生活也一直没有离开经济这条脉络。"这样的断然回答多少让我有些始料未及，于是在这次与丁当先生交流之后的很长一段时间里，我都在思忖，成为一个企业的管理者和经理人是否比成为一个诗人更适合丁当？这是否是丁当心底一个比诗歌更宏阔的梦想和热望呢？这个问题直到现今一直久久萦绕着我，不得其解。我仿佛突然明白，其实我对丁当先生的种种好奇和兴趣，都因为我的忽略或没有意识到，成为一个企业成功的管理者和经理人至少与诗歌一样，是丁当心怀的志向和理想，是属于丁当心怀激荡的人生航向。按照丁当的诗歌观，每个人都是自己的诗人，诗歌以更多更广的形式呈现在文字之外，那我自然可以认为，今天对国内重要保险集团的管理与经营，同样是属于他书写的一首百转千回，起承转合，弥散着历史与现代烽烟的诗歌。

和丁当先生交流愈深透，越发能领受到一个成功企业经理人历经商海疆场成熟的思维和方略，这时刻提醒着我抛却关于诗歌的遐想，眼前的丁当是一位金融保险界的权威和大家。然而我更加发现，丁当眼神中的柔和，谈吐气质里的细腻、敏锐、纤柔、坚定、浪漫依旧，向我无限展示着一个诗人的情怀。

可以说，对于丁当的诗歌，我陶醉过很长一段时间，对于他今天在保险业的功绩和才识，我尊重和敬仰，尽管在某些理念上，我与诗歌、保险的这位前辈和师长并不相同（比如：我笃信文学与经济在某种程度上就是天敌。我知悉的无数胸怀文学梦想和才气的人，那些文学气质浓郁的人几乎都在经济社会的步步紧逼之中被吞没或者变异），但我很相信并认同丁当所说的，正是拥有文学情怀和视野，才使他的事业在心中有着更高远的格局。

其实，我一直最想问丁当先生的一个问题是，他更希望人们记住他是诗人，记住他的诗歌还是他是成功的保险经理人？但我最终没有问，我想也许对他对未来留些悬念会更值得玩味。至少在谈起曾经的诗人经历时，在丁当淡然从容的追忆中，我还是深切感觉到了他内心的自豪和欣慰。

商海沉浮，漂流的大多是一个个庸俗的故事，但总有某些人某些事令我们感怀生命、命运，使我们发觉生活的奇妙。

容永祺

全国政协委员

香港特别行政区政府颁授银紫荆星章、太平绅士

香港专业及资深行政人员协会创会会长

友邦保险(国际)有限公司区域执行总监

国际认证财务顾问师协会港澳区主席

1994年香港十大杰出青年

2000～2002年香港杰出青年协会主席

2004～2005年香港青年联会主席

2011中国保险年度人物

沉实的支点

青春是耽梦的时节，充盈着醉人的暧昧气息。葱茏岁月里激荡着义无反顾奔赴梦乡的烛火，又暗伏弥散着孤注一掷，退无可退的危机。不得不说，人被命运的投向很多时候正来自于青年时的选择。当生命立于那样一个有着无数可能的命运路口，个体生命呈现的重重意象连同那些选择将久远地沉潜于生命的流转与漂泊之中……

保险峥嵘30载　个中滋味蕴心间

容永祺职涯的最初3年是在银行度过的，柜台会计程序化的生活与工作，使他觉得这并不是自己理想的事业，"我性格外向，希望体验既有生意成分，又有专业技术的事业。"恰在此时，他遭逢保险，这令他眼前豁然开朗，"保险不仅提升了我的收入，更为我提供了无限发展空间，帮助别人使我拥有事业的满足感。"

容永祺在进入保险业第一年就收获了巨大成功，并使自己的保险传奇延续至今，这样在众人看来难以想象的神奇容永祺却认为是水到渠成。"首先，我有清晰的目标，努力不懒惰。其次，我从小身在教会，深受'爱人如己'的思想影响，教会教育还培养了我做事诚信和有信心的品格，同时也强化了我的内心，不轻易情绪波动。"包容、相信、爱与努力是容永祺保险传奇的关键词。时至今日，容永祺依旧感恩于教会对自己人生的影响。"教会培养了我的爱心、信心、包容、忍耐、盼望的诸多品格。使我的人生态度一直饱含热情和真诚。"

对于过往荣耀，容永祺也保有着难得的清醒和理性，"我当时很快成功也因为当时的市场比现在要简单许多。现在香港保险业发展水平迅猛，市场也更为复杂多变。要做出成绩需要付出更多。"

2012年6月，容永祺荣获2011中国保险年度人物特别奖，是首位获此奖项的香港保险业人士。过去，该奖项得主多为内地各大保险集团的董事长或CEO。

今年初正值容永祺保险人生30年。30年保险征程他收获属于自己的荣耀无数，而他回首往昔峥嵘认为每个奖项和荣誉都象征着自己不同事业历程中的内容，都很珍奇宝贵。"我很难说哪个奖项最重要，每个我都感到光荣。它们代表着我不同时代的不同光辉。"如果非要选择一项作为自己荣誉的代表，容永祺会选择2006年由自己发起创办的"香港专业及资深行政人员协会"。"经过9个月的筹备，来自30多个行业的资深行政人员及专业人才成为我们的会员，现在我们的协会已经越来越深入地影响着我们香港政治经济社会民生。"曾经亲历创办并担任3年半会长的经历令容永祺有着最深的满足感和自豪感。

"香港专业及资深行政人员协会"于2006年创办，协会邀请各专业人士、学者、社会各界精英以及各商会理事成为会员。它的社会意义在于三个方面：一，是凝聚各领域精英人士紧密促进香港与内地的工商专业交流，提高国内工商专业发展水平，帮助专业人士与机构开拓视野和促进专业交流，拉近国际标准。二，协会作为重要人才智库向香港特别行政区政府提供建设思想。因为这些来自各类专业精英人才的思想深思熟虑，有深刻见解和思想水平，能使政府的施政思想更具有综合性，更完善，尽量避免政府的施政政策有片面性。三，透过协会的功能，在一定程度上推动港、台、内地交流，帮助祖国和平统一。

发散的视野思维　金融之外的提案

今年"两会"上，作为身属香港保险业多年的全国政协委员，容永祺郑重提出食品安全的提案。

提案指出，随着中国崛起，部分中国人民经济水平大大提高，在世界各地旅游购物消费，本应获当地人所欢迎。可惜，可能由于内地有部分官员执法不严，对不良生产经营者又欠缺严惩，促使对食品安全失去信心的民众，大举在国外抢购奶粉甚或必需品；有关行径除了令当地民众反感，还出现对中国人负面的印象，甚至在香港亦引起部分市民的反弹，致令特区政府制订每人只可携带净重不超过1.8公斤奶粉出境的限制。

容永祺认为，如果食品安全问题解决不了，短期来说，人民的健康得不到保障，打击高层次人才的引进；就长期发展而言，影响中国在国际社会的形象。

提案中，容永祺谏言参照香港建立食品安全体系。"香港的食品安全检测制度一直行之有效，建议中央政府借鉴香港在食品检测方面的经验，完善食品安全检测体系。香港的食物安全中心一直对香港的食品进行长期的监察，以便找出潜在的食物风险和监察食物安全水平。与其他海外国家比较，香港的检测比率属高。"

容永祺建议中央政府借鉴香港的经验，设立完善的食品抽查制度，并在各地设立足够的食品检测化验中心，订立客观的质检准则，增加人手和资源，定期抽查食品样本进行化验。"此外，还应设立具透明度的问题食品发布机制，在抽查过程中，一旦发现食品出现问题，应尽快公布检测结果，并作出应对。"

由于香港的食品安全制度相较完善，在食品检测方面更具丰富的经验，容永祺寄望内地加强与香港方面进行沟通，加强检测专才的交流，以及加强食品信息的联系，以便有效建立内地的食品安全检测制度。"一套有效的食品安全检测制度，能有效保障国民的健康，并重建国民对食品的信心，降低他们外购食品的意欲，避免对国家产生负面的印象。"

容永祺建议各有关部门应加强执法，采取突击检查食品制造工场，打击不良的食品生产商，严惩违法、违规的食品生产商；若发现有部门或官员包庇不良食品生产商，必须给予严肃处理；对食品安全领域犯罪、腐败、渎职等依法依规惩处，并对瞒报事故行为作出查处和责任追究。

此外，监管部门必须公开违法企业的名单，并向媒体发布问题食品的调查工作，增加查处问题食品企业的透明度；重视媒体对食品企业的监督作用，让企业在群众监督的压力下，提高自律意识。

他认为加强食品安全的统筹极为重要，并建议"把食品安全监管机构进行适当的整合，将分散于各个部门的监管权力进行适度集中，并强化食品安全委员会的决策核心作用，加强统筹执法。"

其实早在两年前，容永祺在全国政协上的声音就已被广为关注。2011年3月的"两会"上，针对进一步巩固香港国际金融中心的地位，促进香港金融业的发展，容永祺提出善用香港全球金融中心角色的提案。他建议：一，继续鼓励内地民企到香港上市；二，鼓励内地企业及地方政府在香港发行债券；三，支持香港作为人民币离岸业务中心，推动人民币国际化。

容永祺认为，国家应鼓励更多有条件的企业到香港上市，筹集资金，优化产业机构，吸收国际管理经验，走出国界。若放宽集资渠道，并借助香港股票市场为内地民企融资，实有助配合国家拓展需要。另一方面，鼓励民企到香港上市，除了可壮大香港的资本市场之外，也有助于香港巩固作为国际金融中心的地位，增加香港在国际金融事务的影响力。"事实上，香港作为亚太地区重要的国际金融中心，吸引了来自全球银行、保险公司、基金、资产管理公司、投行等海外知名机构，更是海外资金进入中国内地市场的桥头堡。"

香港集资能力向来强劲，例如，友邦保险于2010年10月集资上市，募集资金额达1,383亿港元，并刷新了多项纪录，成为香港有史以来最大首次公开发售、全球有史以来第三大的首次公开发售、以及全球保险业最大规模的首次公开发售。

容永祺在过去两三年的提案提到，若香港维持强劲的集资能力，加上香港稳健的金融政策，相信日后在国际证券监管方面可以有更大影响力及发言权，有助巩固香港国际金融中心的地位。

提案中容永祺还建议鼓励更多内地企业在香港发行债券，及发行年期更长的人民币债券，有助机构投资者、退休金管理公司、保险公司及银行开拓更多投资出路，并让其资产配置有更多选择，让保险公司及银行发行更多种类及不同年期的人民币保单及金融产品。并促请中央尽快促进内地企业在香港发行人民币计价股票。

他还希望中国政府容许香港金融机构在内地人民币债券市场投资。他促请当局尽快放宽境外机构的范围，容许包括香港注册的银行及保险公司，直接投资内地银行间的人民币债券市场。

中国政府支持香港作为全球金融中心是容永祺此项提案的核心思想。"香港作为全球金融中心，无论是硬件还是软件都完全具备标准。香港拥有优质金融人才和成熟经验，完善的司法制度和先进法律系统。外汇无管制，金融业与国际接轨，完全可以引领中国企业进入国际金融先进领域。"

连续作为"两会"代表参加中国政府重要政治会议令容永祺倍感珍惜。作为香港人民的代表，他认为两会是一个非常好的平台，参加大会使港人更了解国家发展。"我通过提案能够为国家建设作贡献。开拓内地人脉关系，对香港企业的长远发展有很大帮助。"国家发展一日千里，作为香港人容永祺感到很幸运。"尽管香港与中国内地体制不同，但我们都有同一中国梦，那就是用我们的共同努力将我们祖国建设为平等开放廉洁和谐富强的国家，让中国社会人人有饭吃，人人有机会。"他说这也是作为全国政协委员，自己最希望通过建言实现的社会理想。

教会哺育成长　保险润泽心灵

因为家庭原因，容永祺从小受基督教洗礼，笃信基督教使他始终心怀"施比受更有福"，爱人如己。"而保险业正是蕴含着爱的意义。保险事业里的爱心、关怀和责任都成为我的思想。"自1982年容永祺进入保险业之后，他有了更多施爱的机会。"1991年之后，我的事业有了巩固基础，我更有回馈教会和社会的意愿。我所回馈给教会的，以及投入社会公益事业的越来越多。"（容永祺对公益的关注触角也愈发宽阔，1994年他开始致力于推动青年工作。）

对于现今广大保险代理人的慈善行，容永祺觉得做好本业，好好服务客户就是最实在的慈善。"保险本就是爱与关怀的产品，把我们的服务扩大变宽广

数年前，容永祺出席位于山顶美国领事府邸的Salute to Mr.Greenberg酒会，向Mr.Greenberg送上他曾题辞的SY20周年特刊。

就是对整个社会的公益。"他认为代理人立足本职做好服务也是对政府的帮助，"如果我们的社会保险程度很高，很好，必然降低政府的社会福利支出，减少政府的负担。"他不建议在没有财力和时间的基础上好高骛远，做更远大的公益活动。"我们还是应该从本职的保险平台出发，当我们拥有扎实的事业基础时再去实现我们更宏大的保险愿望。"就如同他自身的历程。

作为保险代理人如何赢取人们最可贵的尊重，容永祺认为有些一定是必要条件。"首先，诚信是最为重要的。第二，要有好的服务态度，包括礼貌，笑容，关心。第三，要有职业操守。第四，要懂得回馈社会。"而对于一名可以称作为"成功"的代理人，他认为要素不单单是上述内容，"要想成功，最要紧的是要有'可能'思想。""可能思想"是容永祺对自己伙伴常常提及的，"我们对每件事都会有不同的判断和假设，我们都要对自己有积极的可能假设，要想可能事情的成功，我们对自己要有积极思想和心里激励，以促使自己更有信心将事情做好。"同时，他认为一个成功的代理人还要有好的性格，给人以良好感受的仪表，相对广阔的社交网络。"应该有较高的教育水平，这会使得人有好的沟通能力和对产品的理解能力。"他相信从某种程度上教育水平可以影响着代理人的职业操守，会提高诚信度。

容永祺以自身多年管理团队的实际感受和实践经验谈到自己的心得。"在团队增员时，考虑被增员者有否如上述那样具有成功代理人的潜质"，除去素养好的根本要求外，对代理人的培训至关重要，"这样的培训并不是只在课堂，更需要我们陪伴代理人进入市场进行实地展业。"要在自己的团队里培养团队骨干，可以帮助团队管理者积极影响身边同事，在团队里强化沟通和激励机制，提高营销效率，每周审查团队人员的活动拜访量。"关键时刻，作为团队管理者应该作出困难的决定。要给团员们订立最低标准，对于那些经过我们种种努力一直不能在期限内达到最低标准的团员，我们应该及时请他离开这个行业，让他有机会投身其他适合的行业，以免蹉跎岁月，这是对个人也是对我们保险业的负责。"这也正暗合了容永祺所秉持的保险观念，保险代理人不会是适于所有人的职业。

好的事业一定需要好的家庭支持

容永祺作为香港保险代理人中的元老级灵秀人物，对当地市场代理人的状况有着深切的认识。"香港大概有3万多代理人，普遍素质较高，几乎都是大学毕业。在当地保险代理人的形象在不断提升，他们的服务已经越来越专业化，我觉得作为代理人这个群体只有群策群力，有更好的服务才能拥有更广阔的商机。"他指出，在香港对于代理人，最大的竞争并不是来自于同业，而是来自银行。与内地保险业交往密切，使他对内地保险代理人也有着尖锐但不失客观中肯的观点，"我认为内地代理人平均专业水平和生产水平都很有改善空间，

容永祺所有重要时刻，都能得到家人的支持及参与，这是他感到最开心和欣慰的。

我觉得这来自于他们受训不够，操守不够。"对于更深层次的分析，他认为因为保险业发展和升级很快，而代理人没有及时进修，对代理人培训的水平也不够，招聘代理人增员缺乏选择性，这些都是造成内地保险代理人产能和形象不高的原因。"而我深信，内地代理人整体水平有着很大的提升空间。"

香港也如内地般近年来网络销售和电话销售等新兴销售渠道的运用愈加广泛，但容永祺认为在与新兴销售方式的抗衡上，传统的人与人交流的销售形式依旧存在很大的机会，"新兴销售渠道将有自己的生存和发展空间，但取代不了传统模式。财富资产的管理与规划一定需要人与人之间的交流。"他深信，好的保单一定是人与人之间相互交流沟通才可以诞生的。

对于事业与家庭，容永祺有着很明晰的区分和界限。"家庭和私人生活是我格外看重的。我们不能因为单单追求事业而牺牲家庭生活，这是不值得的。"作为友邦香港第一个出席美国MDRT年会的寿险精英，他坚信好的事业一定需要有好的家庭支持。

"事业的满足感"正是保险给予容永祺最大的生命意义。"我从一无所有到拥有近800人的营销团队，人生的成功感在一点点建立起来。"30年风雨兼程，让容永祺对保险的领悟已是另一境界。"保险的自由使我得以有充裕时间不断突破个人发展，服务社会，也有空间自我进修，时间的自由也使我拥有更多与家人相聚的时光。"

30年驰骋保险疆场，但容永祺从没有懈怠对宗教和社会公益事务的投入，在他看来也正因为保险使他可以将事业理想与社会事务相辅相成地实现。"因为我在社会与宗教事务中的投入，使我的视野更广，技能培训更深，能吸引到更多优质增员，更多人选择相信我。同时因为我在保险中的成绩，更多的客户对我有着更大的信心。"

旅行是容永祺使自己身心愉悦放松的重要方式，"我看到世界各地不同的风土人情，与别人交流有着更多的话题、共鸣和内容。使我的心胸和视野更为宽阔。人在放松时会思考更多的内容。"周日，容永祺一定是与家人共同度过，每个周日他都会去教堂，唱咏圣诗，洗涤心灵，心灵从其中收获新的力量。听音乐，看话剧、舞蹈等都是容永祺生活里所不可或缺的。"文化艺术提升个人修养，让人内心安宁。"

一语中的：

尽管香港与中国内地体制不同，但我们都有同一中国梦。

——容永祺

记者手记：

春夏之交的4月香港，总鼓荡着含混不清的濡湿和燥热，然而不经意间的淅沥清凉雨滴又冒昧而临，使得这座昔日荒蛮渔村今朝迷梦夺目的东方明珠又多了一缕奇幻和迷离。

这里的绚烂和奢华只会超出你的想象，九龙塘、山顶的连绵恢弘别墅、豪宅前，奔驰、阿斯顿－马丁是停靠在那里最普通的车。而那些在困厄中勉力度日的人悲凉的境遇也会让你始料未及，此时国际货柜码头工人为他们卑微的权利和生存的可能正进行着艰难的抗争，他们的罢工已持续一月有余，像他们这般这里还有许多人在为生计苦苦"讨生活"。在这个神奇的弹丸岛屿，在英文中被称为"The South China"的远离中国大陆的偏隅之地总饱蕴和延展着那些不一而足的世态浮沉和欲说还休的岁月蹉跎沧桑。在这里你可以感受到最真切的世界大同，香港也许是中国仅次于北京最具有包容性的城市。各色各样的文化和经济，民族气质和社会观念都可以很好的在这里交融贯通。

"给我一个支点，我能撬动地球。"古希腊先哲的名言除了生动阐析了自然科学公理之外在我看来更领悟到关于心灵和信念的神奇魔力。对于容永祺，我更感受到保险就是他人生一个沉实的支点，保险仿若他奔向生命境界里的起跑器，足够沉稳扎实有巨大弹力，这是他实现更多生命价值的起点，保险更是他连接他各种理想的脉络，这个在他事业里最核心的内容帮助他成全了更多的心愿和志向。

无论现实多么残酷，永远应善待梦想。容永祺是自己梦想的主人。从转入保险，他不是为了谋生，不是单纯换一份收入高的工作，他从一开始就在把保险当做自己的事业。为梦想而思而行而勇敢而执着的人才会成为她的主人，也才有可能征服命运。

在当地可以体会到作为保险圈最有影响力之一的容永祺是很被人尊重的，一方面固然有容永祺全国政协委员等重要身份，保险业绩卓著，香港当地保险市场发达程度，大众对保险的认知与接受度与大陆有很大区别的等诸多原因，而我感觉更大原因是在于他对社会对他人的回报，这也就是容永祺和我提起多次的社会责任感。他回馈教会、积极投身公益慈善活动、创办专业及资深人士协会，包括参加中国政府的两会（今年对食品安全问题的提案），无不是他社会责任感的显现和担当，这恰恰是他引得更多人及社会更深程度尊敬的最大理由。

他对大陆保险代理人群体的指正尽管直接严肃，但却恳切中肯，饱含期许。包括他提及的个人操守，好的性格铸就代理人品质，行业荣誉等其实对大陆保险人都算得上是值得思考和借鉴的。我也很欣赏和认同他"家庭与事业严格区分，好事业一定需要好家庭"的观念，这个世界几乎没有什么是可以取代休戚与共，和睦美满的家庭生活的，没有家庭生活的根，事业永远只会是浮萍。

在做此次专访之前，我在进行准备功课时，曾有几位业内朋友向我提及容永祺很多观念有"大香港主义"嫌疑，对于此我稍有感触但不想冒然评判。对于他在提案中希望中国政府支持将香港作为全球金融中心我也不想做个人评论，我只是觉得一个人在一个城市生活的时间越长，往往会对这个城市越有感情，越依赖，同时必然也越了解。所以对于容永祺的"香港情结"我认为都可以理解，也都有可取之处，不必指摘。我能确信的是，我完全能够感受到他用满腹热忱和心意去为实现自己理想中的"中国梦"而践行。

曾经有一个很年轻的不是作家的作家说，中国的文化中心在香港，对于这个人的书我一本也没读过，但我多少还是从某些程度和角度上有些认同这句话。而作为金融中心，香港似乎已经被更多的人所接受和认同。容永祺作为一个传奇属于保险，更属于中国。但，他不会是最后一个，对于保险，对于中国。

人的成长总暗合或者说是因应着时代的脉动，这往往就是人的命运之所在。反过来说，从时代的流转和山河潜行中同样可以找到人命运的颠簸和辗转，其实从对容永祺的交流中我感到的是一种时代的力量，这样的力量是伟大的，也是令人敬畏的，深深激荡和震撼着我。容永祺的保险传奇更是一种时代变迁，历史演进脉络和社会延展的珍贵标本。

于巍东

从业经历：

1982年~1988年，中国建筑工程总公司海外部；

1989年~1990年，法国学习；

1991年~2003年10月，法国安盛保险集团再保险公司技术部经理；

2003年10月~2004年9月，法国安盟保险公司成都分公司筹备组负责人；

2004年9月，法国安盟保险公司成都分公司总经理。

2009年7月至今，法国再保险公司北京分公司总经理。

社会兼职：

四川省保险协会常务理事；

四川省保险学会理事；

成都海外交流协会常务理事；

法国对外贸易顾问中国区副主席；

中国保险行业协会理事。

回家的路

当你曾经有幸强烈地爱过，你就会用一生来重新寻找那种炽热和光明。

——加缪

从法兰西共和国巴黎到中华人民共和国北京，11739.17公里的大地海洋。从1988年到2013年，25年光阴年华。一个曾经在命运驱使与时代颠簸中被抛向生活漩涡的青年，还是否能重新收获母亲柔暖的慰藉？还是否能依旧辨识自己梦乡的归途？

当于巍东被命运推向与祖国遥遥相对的另一个半球时，所面临的那样一种陌生压迫的情境之中，我很难揣度他的心绪，兴奋、兴趣、迷离、困惑是我有限的想象。只是我不知道在他离开祖国的行囊中是否还带上了能开启身后那个归来时家门的钥匙。那样一把钥匙，冷热色相间的刻度，起伏不定的齿条，如同他即将历经的命运，他正走向这样的生命旅程……

冒险旅程

2004年1月始，以农业保险起家，在欧洲久负盛名的法国安盟保险集团寄望于一次全新的征服，或者说它启程于一次全然陌生的冒险征途。它"登陆"中国了。

于巍东恰逢在这样的征服与冒险中从巴黎出发或者回归中国，仿佛没有什么是确定的，但无论是征服抑或冒险，他都需要实现这样一段征程，这路中的种种发现与追寻是他曾久久所想要的。

"我们在中国完全是从零开始的。"尽管安盟保险集团在欧洲声名盛大，业绩卓著，但它在亚洲的开拓一直以来并不成功。作为第一个将中国总部设在四川省的金融机构，以及安盟在农业保险上的专长，它进入中国市场赢得了中国政府的重视和关注。

多年旅居巴黎的于巍东并不曾忘记"因地制宜"的内核之意，"尽管安盟有着丰富和成熟的发展经验和策略，但来到中国绝不意味着有照抄照搬的可能。"如何能契合于安盟发展的思路，又符合中国市场规律，还可以实现中国政府对安盟的热切期许，这样三合一的思路是于巍东作为时任安盟成都分公司总经理所全心寻找和努力的工作方向。

多年对安盟的追踪采访和农险报道，使我必须承认，历史的记录上，安盟的保费战绩实在使人难以欢喜，这是客观的数据。然而安盟所点滴沉积出的数字却是实打实的"干货"，每一角钱全是来自农民实际交付的保费，而当地市场上，并不是每一个保险企业竞相飙升的保费数字都具有"干货"的本色，这是客观的真相。

由于当时中国农业保险市场客观条件的限制，"我们的一些长项还不能在中国市场实践，发展中我们还需要学习、熟悉和遵从中国市场规律，这让我们要不断探索，在摸索中前进。""当时,在中国市场一谈到农业保险，基本上就是种植保险和养殖保险，而安盟对于农业保险的概念是大农险概念，即与农业、农村、农民有关的保险均属于农业保险。安盟在中国的第一个产品不仅要体现出安盟大农险的概念，而且还要涉及到广大农村的千家万户，而这一产品又能为农民生产生活的第一需求提供保障。这时，于巍东将视野凝聚在农村家庭财产保险上，这正是他一直在极力发现和找寻的新探索领域。在赢得成都市政府的支持后，安盟的农村家庭财产保险得到了蓬勃发展，并以此在成都地区逐步建立起较为广泛密布的农村销售网络，作为大农险在中国市场的起步。

农村家庭财产保险的尝试来自安盟保险集团农业保险经营中"大农险"的理念。"我们始终认为，与农业、农村、农民有关的险种都属于农业保险，农业保险也不仅仅局限在种植和养殖保险中。"幸运的是，在于巍东与当地政府的积极沟通交流中，他的"大农险"理念得到了政府的认可和尊重，安盟也有了在四川杀出一条血路的机会。设计保单，在技术上把控费率保额，与政府交流沟通，在农村细密铺展营销网络，有的放矢培养农村销售团队，甚至具体的业务销售，于巍东都在为每一项工作穿针引线，细致引领，参与其中。"我只是盼望可以在当地的市场环境中探索出一条农业保险之路。"

力寻生机

2008年5月19日，是我与于巍东生死与共的一天。我们驱车前往青城山，为山上受灾的农家乐献上安盟的慰问金。那时，四川大部分地区还处于地震灾害最危难的时段，凶险的余震依旧频繁发生，令人心悸。我们的车在山间穿行，像是处在汹涌浪潮里的一叶羸弱的扁舟，随时会被席卷湮灭得踪迹皆无，当时在山间只要有1级的余震，后果是彻底绝望的。正是在这样的情境下，我和于巍东走访了山间大部分受灾的客户，送去慰问金。对于地震灾害，安盟和很多公司一样，是免赔的，当时安盟所赢得的保费在当地居于末流，且来之不易。于巍东坚持说服了安盟总部，从仅有的保费里拿出相当可观的部分，在最快的时间送到客户手中，以让他们宽心，解农民们的燃眉之急。也在他的力劝之下，安盟保险集团向四川捐款20万欧元。在农民出险后，保险企业能在第一时间奉

上自己的心意，这表达了保险企业与农民同呼吸共命运的心愿，这才是对农民、对农险最用心的支持。

　　亲历了四川地震巨灾，于巍东被深深触动了："作为中国巨灾保险体制的建设已经刻不容缓了！就算一时半会儿不能全面建立，能不能让咱们的农险先走一步，先把农险的巨灾体制建立起来呢？"几年来，对中国农村、农民的深入接触，亲历中国农险的一线田间村舍，他对自己所见所感的农村农民激涌着真切深厚的情怀，这样一种不舍的牵念就像陈酿的酒，随着时光流转愈加醇厚。直到今天，只要与业内朋友或同事相聚，农险都是他最想和人们交流的话题。农险就像是一个诱人无休揣度的谜语珍藏在他心中，时时用心回味，常常深切思虑。他总迫切希望自己在某一天接近这个谜底，无论是他经营农险的过去岁月，还是他耕耘于其他保险园地的未来时光，中国农业保险在他的心田都会是用情最深的清潭。

安盟在中国的几年就像一个有着特别气质、思想与脾气的孩子，与他周围的小伙伴们往往玩不到一块，或者一起游戏的节奏并不合拍。这其中的显现自然有其血液与个性的主观因子，也必定与一个法国种子在中国土地的客观生存土壤环境紧密相关，而作为当时安盟在中国的先锋，于巍东的责任绝不仅仅是做好业务这么简单，他在中国的探路需要为安盟在中国的未来提供最大最多的借鉴与参考。实现这样一种可能有不同寻常的意义，无论对于安盟还是对于中国的保险。

在四川省政府、四川保监局的支持下，安盟成为外资唯一进入中国政策性保险领域的公司。安盟在四川的探索是多方面的，不仅仅限于农险，而且能与中国公司合作开展车险项目，力争积极参加中国政策性保险，这殊为不易的积极融入中国保险环境的举措，于巍东都献出了全部的心血，它们的艰难实现离不开他竭尽所能的付出。

当安盟发展遭遇瓶颈时，于巍东积极寻求另辟蹊径的谋略。"我希望把中国政府、中国农险与法国安盟保险集团的利益结合起来组建合资公司，为安盟在中国寻求到更大的生机。"于是选择合作的公司，细致组建计划文案的采写和递交又是于巍东竭尽心力完成的。直到中航安盟保险公司成立，他所付出的，所有参与其中的人都看在眼里，铭记心中。那也更是属于中国保险历史的记忆。

是别离亦是重逢

由几亿到几十亿元保费的变化，来自于巍东转任法国再保险北京分公司3年多的时间里，这在我看来是巨幅的增长，于巍东却觉得是在情理之中。"作为外资公司，我认为只有用当地人做当地的市场才可以是高效的，尤其是再保险公司更需要对客户进行细致分析，一定要把服务专注在我们的客户上。"中国目前三家最重要的保险企业都已是法国再保险重要的客户，保费数字的上扬只是业绩增长的一种浅显表象，这种丰收果实的内核恰恰是于巍东在努力实践的对客户服务的无限提高。

再保险只是重逢，农险也并非别离，我想这恐怕是对于巍东保险事业最恰当的表述。"我在进入安盟之前已做过多年再保险，现在在法国再保险只是又回归了老本行，我对再保险比较熟悉。我目前在再保险公司同样也与农险领域有着深入的业务开展，中国农业保险对于我们是最活跃的工作内容之一。我认为自己从没有离开过农业保险。"

或许正是对农险与再保险都有着深入探求，让于巍东对它们之间的殊途同归有着更为深透的理解和洞悉。"再保险相对于直保而言，需要的人员会少，但却对员工素质要求较高。直保更考验一个经营者对人员的管理能力。但无论是农险还是再保险，都需要我们对市场有深入细致的了解，设计出客户真正需求的产品，这对于农险或是再保险都是个原则。"而正是由于有着经营农业保险的经历，于巍东才感受到他对中国市场更熟悉，"做农险的经验对我现在的工作是非常有益的"。

从欧洲到中国，于巍东对中国保险市场有着自己的比较和发现，他与很多国外保险经理人一样，将中国保险市场看作是一个有巨大潜力的有中国特色的发展市场。"我个人认为，我们不应该过于强调'中国特色'的特殊性，我们最重要的是需要尊重市场的客观规律。"而对于中国的再保险市场，他同样提到巨灾保险体制："中国的巨灾保险体制应早日建立，而再保险是这一体制中不可缺少的重要组成部分。"

尽管于巍东对再保险驾轻就熟，但他很清楚，毕竟时代飞速发展，从农险再度回归再保险，并不是重操旧业那样简单。"我对自己工作内容的转变有着比较清醒的认识，我认识到这样的转变在我工作上的区别。尽管再保险对我而言比较熟悉，但它的市场变化异常快，我个人必须在工作中不停地学习。"这

中外保险圈内，于巍东（中）总是受欢迎的人物。

样的学习过程来自于巍东与同事、上级、客户的积极交流沟通之中，成效是显见的。"比如，我在经营农险时，有能繁母猪保险，这是当地客户的需求，这在欧洲是没有的。这也使我现在经营再保险时去努力发现客户最迫切需求的产品，掌握更新的客户信息与需求。现在保险新条款不断地出现，企业的业务接触面也越来越多，需要企业经理人不断学习，深入掌握市场的不断变化，调整自身以适应市场的需要。"

或许是对农险用情至深，或是在农险大业上壮志未酬，于巍东内心始终激涌着农险情结，虽然现今他已更换了保险园地耕耘，但他对自己曾亲历的田间、村舍、相逢相聚的农民乡亲却痴情不改，念念难舍。他对农险的关切与牵挂矢志不渝。农险学者、农险经理人、农险记者依旧是他联系最多的人，对中国农险的思考与探求他从未停止。

对于有农险公司运用无人飞机高科技发展农险、开设蔬菜生长指数保险产品等全新有益的尝试，于巍东尤为感受到鼓舞和振奋。"高科技的技术创新对于农险的发展是应特别鼓励的。"也许是因为已离开了农险这盘棋局，作为曾经的弈者现今的局外观棋人，于巍东观望这盘关系国计民生需要勇气智谋和耐心的大棋，往往有着更真切的发现和更广阔的思索。"将巨灾保险体制尽快建立起来是对农险发展的重要保证，如果我们缺乏巨灾保险机制，农险的发展是难以全面的。而且现在我们对于互助保险的理解还属于浅显阶段，对于互助保险，我们需要政策上的扶植。农险不仅仅是社会的稳定器，也理应是我们引入先进技术的窗口。"

我心依旧

保险贯穿于巍东从欧洲到中国的整个事业，也许正因为此，于巍东更清晰地感受着中国保险业发展的趋势和动态，"我觉得作为保险企业走集团化发展的思路是对的。像在中国已经出现的银行介入保险领域，保险能够借力突破自身局限的发展就是非常值得期待的。"

20余年来的保险生涯使于巍东感到幸运，但他绝不仅仅只将保险看作一种工作。"保险培养了我，我幸运自己的有生之年能够献身于保险，保险使我对世界有更清楚的了解和认知。"于巍东相信，保险对于这个世界意义非凡，"保险是包罗万象的，上至国家的安全体系，下至百姓安定生活都密不可分，至关重要。作为金融服务行业，中国的保险业将来发展前途巨大，但做好是不容易的，需要把握契机，像现在大病医疗保险，我们就应该抓住发展的机会。"依据自己的眼界和经验，于巍东认为保险不能一味求业绩规模，一味求做大，他认为做大的基础是做扎实。

由农险转战再保险，于巍东在工作习惯上并无太多变化。"我现在最大的变化是来自业务内容的改变。原先主抓农险，险种相对单一，工作环境相对固定；而现在我主管的范围更宽，需要不断地去往各地与客户联系交流。我的客户群也在发生变化，曾经接触农民很多，现在与不同的保险公司关系密切。"

从海外回归中国，于巍东犹如一个久别故里后回家的孩子，重新领会着东方这片让自己如此熟悉而又全然陌生的大地，那将是怎样一种情怀和心境？"我为中国高兴和幸福，也为中国焦虑和忧愁，我盼望把我的技能奉献给中国。"人世蹉跎，世事如烟，太多的东西是于巍东不能把握和确证的，但发自心魄的情思是他坚持一切的信念和无敌的力量，"我可以确定的是我的中国心不会变"。他从没有失去本色。

对于于巍东的未来，我除了可以确证与他日益醇厚至深的友情外，关于他的事业，他的生活，他的归宿，我都没有把握确定。但我知道，他不会停止属于他个人的寻找，那时来自他梦乡里的一个拥抱、一抔尘土、一阵风声、一枚落叶、一缕乡音、一簇花蕾、一丛溪流、一抹斜阳，都是属于他渴盼的寻找，他知道，只要他还在这样地寻找，他就走在归途之中。

一怀愁绪，几多离索。岁月流转，世间穿行。今夕何夕？此地又是何处？但只要是走在归途，总能记得回家的路，对于于巍东，这已经足够了。

一语中的：

保险培养了我，我幸运自己的有生之年能够献身于保险，保险使我对世界有更清楚的了解和认知。

——于巍东

记者手记：

我是一个对自身媒体事业有着饱满自信的人，而再次面对于巍东这个人物选题的时候，我却产生了罕见的忧心和踌躇。很久以来，我对自己作出一个原则性的规范，我将不会再采访因为工作而相识相知的朋友，我寄望自己能在最大限度内跳脱情感的藩篱，保有最客观冷静的视野。多年前，对于巍东曾有过两次深入采访，对于这样一个与我情谊深厚相识已久的至交，纵然是一个全新内容的采访，对我而言也是饱含考验的。熟稔和友情对我的采访中的理性充满着威胁，毫无疑问，这样一个采访让我感受到它的难度。而最终让我摒除思想上的种种顾虑和牵绊，心无旁骛进行这个选题，是我深切认识到实现它的必要性。从一个外籍华人在中国保险业跌宕起伏、起承转合的旅程中，我们可以追踪这样一段足迹，从他的收获与遗憾中察觉并思考出我们保险业曾经的道路，甚至为我们接下来行进的方向迎来一缕明媚的启示。

和于巍东交流，始终无法脱离他在安盟的时光，这依旧是我们交流的重心，其中有着他太多的呕心沥血和无以忘怀。直至今日，于巍东已转投新的企业，因为壮志未酬，因为用情至深，对农险他有太多的不舍和放不下。安盟初入中国进驻四川艰难跋涉，作为当时跑农业保险的记者，安盟在华的几年来，我一直追踪深入采访，我清晰地了解安盟在中国发展的种种困窘和尴尬，也见证着于巍东在几多困局中的孜孜以求。

作为那时农险的一线记者，我也最真切感受到于巍东对农险的专注用心，对于他致力做的事情，他都是全情投入，从未有过敷衍和推脱。

我依旧要表达于巍东对我心灵所触发和感受到的一种深切持久的感动，这样的感动发自于巍东对他未竟的农险事业的情怀，醇厚而深远。这样一种情怀最令人动容和感佩，或者说最高贵之处就在于它是流淌在人心田的，而不会以人的客观境遇和时势所改变。

在安盟发展并不顺畅的几年内，于巍东在重重压力的逼迫下有过失望和遗憾，但从没有气馁，更不曾放弃求索。无论是在过去安盟的岁月还是今天别离安盟，和业内人们相聚时，他总会特别详细论及他对农险的种种思考和感悟，农险的主题也是他与我在工作交流中提及最多的。我非常懂得，于巍东作别安盟时一定是百感交集，但他最深的情思还是对农险事业壮志未酬的不甘和难舍。

2008年汶川地震的第一时间里，安盟总部向四川捐助20万欧元，于巍东对总部的提议和倡导起到了决定性作用。那段最危急和凝重的时刻，他下决断从本就微薄的保费支出不小的数额去慰问受灾的农民，同时用自己的收入为农民们买米买面。当时，我曾和他一同连续赶往多个灾区，他对农民的关切和忧虑断然不是场面上的惺惺作态可以矫情造作出的。作为法国对外贸易顾问委员会中国区副主席，他竭尽自己的声望和能量，为贫困受灾山村捐款建设医务所和饮用水供水工程。他主持公理正义，为员工实现房屋拆迁补助款的公平……而这些所作所为，尽与民生紧密相连。有一个事例一直令我感慨不已。在于巍东的决策下，安盟用自己的费用为病死的猪打针，以做出病死的标记，防止病猪流入市场，从最小环节保证市场的健康和食品安全。我想这正是一个看重民生、懂得民心的企业和人所做的最寻常的事。在市场的步步紧逼下，担当社会责任，心系民生民情，说起来容易，做起来难。

由我这个媒体人的眼界而观，于巍东正实现着跳脱自我的过程，对于曾经供职的安盟，他仍旧是君子离别，不出恶语，时常牵挂心怀。为了维护中国农险的收益，为了安盟的企业利益，他竭尽所能促成安盟与中国某大型企业联合成立了中航安盟保险企业。正如中航安盟现任一位高层曾对我坦率而言的："于巍东对于我们公司的成立是立了大功的。"中法两个企业的成功交融，这过程中超越的重重细微的琐碎与纠结恐怕没有谁比他更清楚，如果没有对农险事业的丰沛情结，没有对未竟事业的不舍和牵念，又怎会有全情的投入和持久无私的付出？

保费的突破，保费的递增，保费的超越，保费的比较……保费！保费！保费！在保费无止境的过度追逐和你争我夺中，在这样无尽的繁复漩涡中，我们发觉自己正变得越来越模糊迷茫和混沌。刻板干枯的数字永远无法传达保险慈悲的温度和公益的境界，很多时候那只关乎技术层面档案中数字的累积，而非发源于情感的奔涌，那温度和境界恰正是皈依于保险的魂和根。真正打动我心灵的也从来不是企业成绩单上的数字，不是那些被人们争抢的名次，而是那样一种寄情于民生的不为境遇所变、坚韧持恒、玉汝于成、有血有肉的情思和理想，那样一种跳脱偏狭的付出与奋斗，绝非是概念和诉求上的，而一定是植根于心魂和情怀之中的。

尽管旅居海外久矣，但我却真实感触到于巍东对祖国和民族时时迫切的眷念。每每众人相聚时，他总是对当下中国诸多境况最清晰、信息最先掌握和最新知道的那个人，或惋惜或沉痛，或愤慨或骄傲，他的拳拳之心尽发自他最初离开的这个国度，那是他魂牵梦绕的华夏故土。

和于巍东相识相知这么许久，有一个问题我从没有向他问起："你觉得自己是法国人还是中国人？"我知道这是一个我不需要确认的疑问，因为在与他的点滴交往中，在他的所做所行之间，他早已给了我一个最无疑最无悔的回答。

刘弢

1963年出生，本科学历，中共党员，曾任中国人寿陕西省商洛分公司党委委员、副总经理、工会主任、纪委书记（兼），现调中国人寿陕西省分公司工作。刘弢是"全国五一劳动奖章""全国金融五一劳动奖章""全国保险系统劳模" 获得者，并作为中国保险业唯一代表，荣获了"全国创先争优优秀共产党员"荣誉称号。

无我之心

2012年4月27日，由全国总工会、中央组织部、中央宣传部、中央文明委联合主办的2012年"全国五一劳动奖状""全国五一劳动奖章"和"全国工人先锋号"评选活动颁奖大会，在北京人民大会堂隆重举行。中国人寿陕西商洛山阳支公司成为保险业唯一荣获"全国工人先锋号"称号的单位，为中国保险业和金融系统赢得了荣誉。时任中国人寿陕西商洛分公司副总经理刘弢荣获"全国五一劳动奖章""全国创先争优优秀共产党员"，他也是全国保险系统唯一获得此殊荣的人物。

世间究竟有没有真正纯粹的无我之心？有没有真正通透的无私之人？

不需要激励的人

作为保险业人尽皆知的劳动模范、先进人物，他究竟是在哪方面赢得了人心？刘弢告诉我，他只是做了他想做的事情："我只是比别人更幸运，这个荣誉是属于我们保险业和保险人的。"中国人寿陕西省分公司总经理助理高虎志作为商洛分公司前总经理，与刘弢共事多年，他细致分析了刘弢获得荣誉的实至名归："他的当选是我们所有人的意愿。"他认为，人品的高尚是刘弢最大的

人格魅力。为了实现更高的工作效率，多年来，刘弢总是用自己的钱来处理安排公事，为员工买书，买加班的晚餐，就连评选先进获得的奖励10000元，也被他用在部门的建设上。

尽管对员工极尽无私，但刘弢对自己却吝啬到极致。高虎志说："他连公家的一瓶矿泉水都没占过。春节期间，刘弢带家人来到自己公司的餐厅就餐，等待的客人众多，作为公司的领导，刘弢完全有条件安排家人直接就餐，但他一直踏实地等到下午3点。"

知识的丰厚和勤奋学习是刘弢另一备受员工崇敬和支持的地方。他先后通过自学、进修，取得了双本科学历，并获得美国LOMA协会"寿险管理师"资格。现在，他已成为公司上下公认的"活字典""保险教授"，就连同业其他保险公司的同仁都说："保险上有难题，找到刘弢就没难题了。"

"他那里到处都是书，我们不明白的问题在他那里都可以得到很好的答复和解决，这样的工作能力博得了大家对刘弢的更多敬佩。"刘弢的好学是出了名的，员工有任何不明白的都会找刘弢，大家都被他的学识所折服。

中国人寿商洛分公司教育培训部经理呼增贤感受到刘弢不仅知识多，还非常善于积累和收集各种工作上的材料和信息："我们在工作上出现任何问题，刘弢都能帮我们解决，尤其是当我们需要某些信息或资料时，一旦手头没有，马上就会想到他，在刘弢那里你绝对可以轻松拿到想要的。"

1992年刘弢身患重疾，那段时间是他生命最艰难和黑暗的时候，但医学史上的奇迹居然在他身上神奇地发生，原本被世人认为不治之疾的病症在经过一段治疗后，他竟完全康复了。据说，这样一个神奇的病例还被载入了第四军医大学的教科书。说起那段惊心动魄的时光，高虎志还是很动容，"那时候，我们全公司上下都在为救治刘弢而全心努力，公司所有人的医疗包干报销额度都转到他的名下，我们要尽一切力量为刘弢治疗。"在经历过曾经生与死一线之隔后，刘弢对人生有了更深更新的理解，"经历那个不平凡的阶段之后，我一直怀着一颗感恩之心回报公司，把每件工作做到最好。人生只有做了有意义的事，才变得有意义。"面对越来越崇高的荣誉，刘弢非常清醒，"我觉得自己收获的那些奖，更大的意义在于对我们这个集体和团队的鼓舞，对更多保险人的激励，更是赐予集体的荣誉。"谈到个人，刘弢的话极其简单但却掷地有声："我是个不需要激励的人。"

高虎志认为对于刘弢的学习不应该盲目，应该是理性和智慧的。"我们并不是要求完全照搬刘弢永无止境工作的行为去仿效。我们要学的是刘弢的品格和精神。学习他对生活的态度，学习他的做人。"他强调，尽管刘弢是加班无节制工作的硬汉和铁人，但是公司对员工的基本要求是不要加班，要注重休息，懂得生活，多些时间关心亲人和家庭。

醉心"三农" 身先士卒

为了配合与推动政府在农村的计划生育政策顺利实施，中国人寿商洛分公司在农村深入开展了计划生育保险，刘弢认为这项业务不仅为积极配合国家政策的落实作出贡献，同时也是履行社会责任，还使企业赢得了商机。"商洛每年有40余万人外出务工，我们出面与政府沟通，每人每年保费20元，政府与个人各分担10元。这也是为我们在农村做长期保险业务渗透积累条件和打基础。"刘弢说，他们的初衷是借助商业保险来帮助政府推动政策实施。很多计划生育保险的客户都外出务工，他们回乡后，在眼界和保险意识都开阔和增强的条件下，有利于企业长期险业务在农村的开发。

农民起初并不了解保险，需要向他们宣传保险理念。经济不发达的农村里，很多农民对经济没有规划，想得最多的就是盖房子、娶媳妇、生孩子。"当政府倡导农民走出去时，实际上给了我们保险企业为他们提供服务的机会。这既是我们保险的服务市场，也是我们业务发展的市场。"在乡村开展业务与城市很不一样，"在农村，人们更看重案例的宣传和熟人的影响。"高虎志认为，外出务工保险对"三农"保险有着不寻常的价值："农村外出务工人员回乡后将会带来更开阔的眼界，有了更新更先进的观念，他们懂得钱并不仅仅为了养孩子，他们回来后会有为家人上保险的意愿。保险由政府的大力推动升华到农民的自觉推动，这更为我们保险企业提供了良好的展业时机。"

无论是身在田间农舍的一线，还是指挥主抓"三农"业务，刘弢都一直密切注视和关切着"三农"。他由此而获得的体会和思考也尤为真切："从我多年来大量的实践工作中可以发现，在我们长期保险意识的宣导中，农民思维在逐步转变，从最初的拒绝、抵触到现在的接受和欢迎，农村已经越来越显露出是一个巨大的保险市场。现在推得最广的还是学平险，承保面达到90%以上，农民更为看重保险理赔实例，这也成为目前农民投保的特征。"谈及在农村的业务开展，刘弢认为这是比其他业务更繁琐、更细致的，"农村业务拓展需要一家一户去做，我们去拜访住在山里的农民时，经常晚上都赶不回来，极为艰苦。但即使是很小的保单，我们都在认真用心去做，从不放弃。"

集体活动中，刘弢（左一）有着足够的威信。

"知心大哥"在身边

　　中国人寿商洛分公司教育培训部经理呼增贤在工作中对刘弢最大的感受就是要求极为严格。"很多时候，我们自己认为已经把工作做得很好了，在其他领导那里也许都可以被表扬了，但还暂时得不到刘弢的认可，他总是希望能够集中大家的智慧把工作做得再好一些。"呼增贤坦承自己也为此有过怨言，但也正是刘弢这样永无止境的工作、高标准的要求，使员工的自我要求不断提高，"工作中追求精益求精已从被动执行变成一种自然的习惯。"然而在生活中，刘弢对于员工的关怀却是无微不至，无处不在。"我们只要是和他一起吃饭，我们就永远没有掏钱的机会。"2007年的春节，对于呼增贤的事业和生活都是一道难迈的坎儿，因为她父亲病重，本人家又在外地，无法在亲人身边尽孝。"那时候恰恰是我们业务最忙的时候，我的心情非常糟糕。"刘弢知道此事后，第一时间取消她所有工作安排，安排专车送她回家，并一直以电话和短信不断向她介绍有哪些治疗的好方法，关照病人需要特别注意的地方，"这种对员工心灵和精神的慰藉是最重要的，这成为我那段最困难日子里缓解情绪最重要的支撑。"

有着呼增贤这样深切体会的员工还有太多，光刘弢经常发短信沟通交流的员工就有200多人，并且每一个人的短信内容都完全不同，这意味着刘弢对数以百计的员工有着一个个细致的认知和了解。

作为与刘弢朝夕相处的员工，呼增贤非常清楚，刘弢所有的付出都不是奔着今天的名声去的，所以她认为刘弢对家人的亏欠绝不是因为自私，"在他的心里工作永远都是第一位的，他根本没有时间去关心自己的家庭和亲人。"

个险销售部经理栗莉早已成长为中国人寿商洛分公司的中坚力量，然而从原先一名编外临时工成长为市分公司的部门经理，这个"丑小鸭变幻为白天鹅"的神奇正是刘弢点化而生。"我认为刘弢最大的本领在于他是一个沟通高手，他心细，擅于换位思考，他的勤奋也绝不单单是苦干而是充满了智慧，他在与员工的相处中非常懂得运用技巧和方法。"这使得员工在刘弢的感染下对待工作的精神极限远远超越了生理极限。在大家眼里，刘弢没有解决不了的工作难题。

"因为他对我们要求非常严格，我们最初对刘弢是敬畏，而现在却转换成了敬仰。"直到今天，栗莉都还记得，多年前自己还是临时工时，刘弢对自己的态度。"当时公司为员工发奖金，我和正式员工的钱本来是不一样的，但我私下里打听，我拿到的钱与其他人都是一样的。"刘弢为每位员工都包了一样的红包，他用自己的钱补上了临时工的差额，自己拿得最少。"这件事情对我的触动太大了。"让栗莉受触动的事情远不止这一件。"我曾经只是偶尔聊天谈过自己孩子数学不好，自己工作忙没时间辅导孩子，没想到刘弢竟然不声不响地去买了学习机送给我的孩子。"这样的事例并不单单只发生在某一个人身上，也不仅仅只发生在某一天里。尽管刘燮对自己的家庭顾及得极少，但只要员工的家庭有任何问题，刘燮就会及时家访，帮助疏通和调解，成为众多员工的"知心大哥"。

栗莉特别提及，在刘燮的引领下，公司坚持力推"双培养工程"，就是在培养人才的活动中，要把党员营销员培养成业务骨干，把业务骨干培养成党员。比如，丹凤支公司党支部就是由全体党员和业务精英组成"红色突击队"。"这使得在我们团队中弘扬了正气、凝聚了士气、提升了业绩。"栗莉觉得基层党组织建设的最大成果就是使人变得更加全能，"使管理者有了向训练者角色的转变，思想者向训练者的转变。"据她介绍，在整个营销服务部中，主管都是党员。商洛分公司也是中国人寿总部在基层的唯一党建联系点。"企业内部树立起荣誉文化，不找借口，只找方法，企业文化融入在员工点滴的生活与工作中，而不是墙上的某句宣传语。"让栗莉感到可以放开手脚、敢想敢干的是，她觉得刘燮具有包容的心，敢于担当的品性。"每当我们犯错误时，刘燮不会责怪我们，他会默默地去帮我们把事情做好，自己去承担我们还没有做好的工作。"让栗莉佩服的还有刘燮工作中的智慧，她说自己非常喜欢参加"自我检讨分析会"。"我们常常在农家乐或茶社中聊天沟通各自的工作，在很放松的氛围和环境里谈论工作，效果非常好。"

现在的保险业环境和发展特点早已比从前发生了很多改变，作为基层企业管理者的刘燮认为必须适应时代要求和发展特点，需要有很多改变。"今天的基层干部，必须对信息敏感，与政府密切联系，格外注重文化建设。"然而，他也强调，无论时代如何发展和改变，有的内容是一定要久久坚持的，"任何时候，我觉得我们都应该坚持以人为本。"刘燮所理解的"以人为本"是重视人才的发现与培养。"比如，我们讲师的培养。现在我们的讲师大部分都已走向领导岗位，培养人才需要提供给人才锻炼的机会。"

刘弢（中）对员工的家访使他的工作充满温情。

最懂你(我)的人

　　刘弢相濡以沫多年的妻子刘娟，现在正是刘弢主管的中国人寿商洛分公司鹤城二部的保险代理人，她已经是一位有着14年耕耘的资深保险人了。然而，她可能恰恰是刘弢最少用心的一位保险代理人，"他把员工都看作亲人，他与我在工作上的交流恰恰是最少的。"刘弢承认，当初自己并不太赞同妻子入行做保险代理人。刘娟下岗后一直在家，她觉得自己性格内向，本身是西安人，在商洛并没有广泛的人脉关系，对于保险这个需要社交的工作自己非常不适合，几次被别人增员时刘娟都拒绝了。2000年，刘娟终于在伙伴的又一次增员中，以尝试的心态进入了刚成立的营销部。"在进入公司之后，我整个人在各方面都有了极大的转变，在保险公司的14年也是我人生收获最大、改变最大的时光。"对于自己云泥之别的变化，刘娟充满了对保险的感激。"我现在非常喜欢，也很善于与人沟通，现在的朋友很多，性格比从前开朗了许多，精神面貌焕然一新。心情好的同时也有了更多的经济收入。"从前在公开场合谈到妻子时，刘弢说，当初我真的不看好她，我担心她在自己的部门做不好，给自己丢人。可后来当刘弢看到从前每每在公众场合怯场的妻子在千百人的大会上慷慨激昂地演讲时，他异常感慨，"我由衷地为她感到自豪！"

在刘弢无私对待工作、对待公司、对待员工的同时，他也成为一个最不顾及自己家庭和亲人的人。刘娟作为他最亲密的人，多年以来对刘弢的情愫百感交集、深沉隽永。在自己也进入保险行业之后，刘娟感到自己对刘弢的理解更深刻了。"我以前常常感到自己非常委屈，现在我已经习惯了，我觉得人活着快乐最重要，对于他这样一个对工作痴狂的人，没有什么爱好和情趣，工作就是他最大的乐趣。"刘娟承认最初也感到刘弢作为丈夫有些自私了，但爱人之间心心相印、心有灵犀，她渐渐深刻懂得了刘弢其实对家人和家庭非常用心，非常有责任感，只是他不善于表达，"他每次出差都会给我和孩子带东西，曾经为我跑了六次商场买了上千元的裙子，可是很便宜的衣服他自己都不舍得买。"对待公司和员工，刘弢更是不计个人利益，公司的培训活动往往都是自己掏钱。"多年下来，我们没有积蓄，但我觉得没什么，家不是放钱的地方，而是放心的地方。"

一语中的

人生是因为做了有意义的事，才变得有意义。

——刘弢

采访后记：

我与刘弢最早的缘分源自一篇应急的稿件。因为一次紧急的意外事件，我必须临时用一篇符合规格和要求的文章做版面的备用稿，那次转到我手中的恰是关于刘弢的"先进事迹宣传文章"。一直以来，对于先进人物的外来稿件，除去我对人物本身的尊重之外，对于稿件的内容与文法我实在很难有兴味去品读，这种"高大全"的好人好事表扬文章与我为版面的个性定位有着不少偏离。然而，关于刘弢的这篇文章却吸引了我，尽管依旧因循着公司宣传口径，但比同类文章多了许多扎实的采访和细腻的笔触，读后我有着不少的心得，同时也生发出许多对人物的疑惑。由此我对刘弢有了特别的记忆，也产生了想要去接近这个保险业唯一劳模的内心世界的愿望。

而当有一天我真切地与刘弢相识后，我想到的只是一个词：牺牲。在宗教中从来都充满着牺牲象征和意象，无论是基督教里被出卖后凛然赴死的耶稣，抑或佛教里"我不下地狱谁下地狱"的地藏菩萨。正如古希腊大哲苏格拉底在他可以保全生命的关头，为了真理与信仰义无反顾选择了死，苏格拉底之死也成为西方哲学史上最动人心魄的事件。在我们最本源的生活之中，究竟有没有没有私心的人，究竟有没有真正的牺牲者，那种牺牲自己成全他人、成全时代、成全世界的牺牲者？我想，如果这些崇高的人真的存在于我们周围，那么刘弢肯定算一个。

我相信刘弢是幸福的，而他的幸福正是来自他的专注与执拗。他专注于自己的事业，执拗于自己的理想，除此之外，他真的是别无他求。正如与他风雨共度、相濡以沫的妻子刘娟所告诉我的："他要快乐就必须去工作，沉浸在自己的事业里，我给他最好的爱就是让他去工作，拥有他的幸福。"我想作为保险人，我们也许都应该感到庆幸，庆幸刘弢选择了保险事业。我想如果当初刘弢选择了其他的事业，他依旧会牺牲自己献身在那个领域。因为他本就是一个幸福的牺牲者。

在与刘弢的多次交流中，有一个细微之处引发了我深切的注意。每当我问到他一些比较主观化的问题时，他总是沉默许久，即使回答，也在多时之后非常简洁地表述几句，让我感觉他回答这些问题多少有些勉为其难。我突然意识到刘弢在生活和工作里对这些问题其实根本没作什么考虑，他只是一心扑在了他要去做的事情上。反倒是那些事先被有的媒体设置的貌似冠冕堂皇的问题显得可笑和浅薄。刘弢是一个极其简单质朴的人，他的生活寡淡而平和，他的员工、他的家人，就连他自己都承认他没什么爱好和情趣，工作是他最大的激情、最大的快乐，"我内心的幸福感几乎都来自我的工作。"刘弢向我说这句话时，脸上的神色映透着少见的生动。

我们在树立典型人物时，表现人物的往往是如何忘我和在重重苦难中的坚持和奋发，我们往往忽视了这些人物在工作中的智慧，刘弢留给员工们的感受不单单是勤奋，"他的勤奋中充满智慧"，在管理经营企业，在与不同员工的交往中，他在无私忘我之中寻找着最好的工作方法，这也是员工们对他无比尊崇之处。要经常和200多位代理人保持密切的短信息交流，针对每个人的具体情况，作出分别具体的沟通交流，这让我感到不可思议。在刘弢的同意下，我拿到被打印出的厚厚一沓信息记录，其中大部分是他与员工的细腻思想交流，如果没有对自己员工细致的了解和对每项工作的通透熟悉，光有勤奋是根本无法实现的。有的时候对自己利益无私忘我的人，往往对他人的利益也是缺乏重视的，但刘弢却尤为在乎和关切员工的利益，"我绝不希望员工和我一样。"不要加班，多陪家人，多顾家庭，刘弢对他们提出的硬性要求赢得了更多人的心。

我和刘弢夫妇一起交流，妻子刘娟默默为刚刚点燃香烟的刘弢递上烟灰缸，这一细微的举动淋漓展现着一个妻子对丈夫的体贴、心疼、珍惜和夫妻间的默契。正因为有一个重义轻利，同样无私忘我的妻子，才可能成全今天的刘弢，他才可以从容而自由地实践自己的梦想。当我们一心为刘弢鼓掌的时候，别忘了也向他的妻子献上一束花。还有，作为刘弢的上级机构中国人寿陕西省分公司的领导们，他们在刘弢危难中的温情厚爱也令人分外动容。从某种意义上说，是他们使刘弢获得了新生。省公司一位高层曾向我谈及他们借调刘弢来省公司的真实意图："刘弢在基层工作太劳累，他自己又不会主动休息，我们把他调到省公司，可以让他相对轻松些，我们要为他的身体多考虑。"以我粗陋的见地，在一个严谨机械化的企业中能洋溢着这样人性的脉脉情怀，在中国保险业中并不多见。可以想见缺失了人性光彩的指令和规则，无论多么严密和细微，都不会为企业带来真正的活力，更不会赢得人心。

就我个人而言，刘弢品性中最令我敬重的是他没有私心，一心为公，这对一个基层领导干部来说尤其弥足珍贵。无欲则刚，正因为他无私心、无私欲，所以从他瘦削的身体中能表现出惊人的坚韧品性。也正因为他无私心、无私欲，他才比其他人更容易感受到幸福和快乐。曾经生死一线的经历，让刘弢更懂得时间与生命的紧迫，这让他心无旁骛地奉献。世界上果真有这样一些为数不多的人，他们的确以牺牲和奉献为自己无尽的快乐，他们做着我们难以做到的事，穿越我们难以跳脱的偏狭和自私，他们是让这个世界可以挺立的脊梁，是点燃世界永不逝灭的希望之火。

与刘弢相识相知后，在一段时间内我常常问自己，如果为了我钟爱的事业，为了我至爱的理想，我会不会像刘弢一样，牺牲自己的亲情、家庭甚至是健康，在无我之间不及其他，做一个纯粹的牺牲者？我想我不会。由此，我更清晰地发现了一个闪亮的心灵和崇高的灵魂。

一个除去工作，没有情趣和爱好，没有更多自我生活的人生，我总觉得是不够生动和立体的，缺乏温润的色彩。我多少为刘弢感到遗憾。然而，就在我和刘弢刚刚分别的路上，我收到他发来的简洁而饱含真情的短信："谢谢您对我的采访和鼓励，今后我一定会好好关爱家人，关爱自己，多联系，期待再见！"在那个瞬间，我感受到一种深沉的情怀，蓄满了对这个世界，对他者的爱与珍惜。

你究竟为了什么活着？你又究竟为了谁而活？你在活着中将得到什么？又究竟什么才让你感到快乐和幸福？

盛宝良

现任LIMRA／LOMA亚太一区总裁，负责建立与发展包括中国内地、香港、澳门及台湾地区在内的寿险及其他金融服务公司与机构的业务关系。

毕业于美国乔治·华盛顿大学，获工商管理硕士（MBA）学位。

1988～1994年：在中国对外贸易经济合作部工作，任中国入世谈判代表团成员，多次赴日内瓦参加GATT／WTO中国工作组会议以及与有关国家，特别是美国、欧盟的双边谈判。其间，他曾被选派赴日内瓦关贸总部进行关贸条款专业培训。

1994～1997年：在中国驻美大使馆商务处担任外交官，负责中美双边WTO谈判和招商引资工作。此间，盛宝良与美白宫、总统贸易谈判代表署、商务部、国务院等政府机构，美知名跨国公司和贸易协会等商界，以及华盛顿知名智囊研究机构建有广泛的联系。盛宝良熟知美贸易政策、美机构运作和中美WTO谈判的核心问题。

1997年10月，江泽民主席对美国进行国事访问，盛宝良负责与美中贸易委员会合作在纽约安排江泽民主席与美《财富》大公司首席执行官的晚宴招待会。

盛宝良1998年进入寿险界，曾于1998～1999年担任美安泰国际保险公司政府关系顾问，帮助公司拟订中国市场发展战略，建立与发展政府关系，研究中国保险政策，分析市场机会与风险等。

保险外交官

深入世贸谈判 不辱使命

方磊：您去美国工作时的时代大背景是怎样的？初到西方世界的感受和思考是什么？

盛宝良：我感到我一直很幸运。大学毕业后即被分配到当时的外经贸部工作，开始参与中国申请加入关贸总协定谈判。中国申请加入关贸总协定是中国政府执行对外开放政策、积极参与国际多边贸易体系、遵守国际贸易规则的重要决策。初出校门就被安排参与关贸总协定谈判工作，乃是我人生的一大荣幸。

1994年6月，我又荣幸地被选派去中国驻美大使馆，负责入世谈判中最为艰难的对美双边谈判工作。这使得我有机会踏上全球最为发达国家的土地，去领略感受东西方文化与生活方式之不同。这种不同不仅是表面上看起来的茶文化与咖啡文化，或是刀叉文化与筷子文化的不同，更是理念与价值观上的差异。与中国悠久的历史相比，美国是一个新兴的移民国家，世界各国文化在此交汇，创造出源源不断的新机会。美国鼓励个人出人头地，让有能力的人脱颖而出。美国人总在不断创新，造就了比尔·盖茨、乔布斯这样的企业领袖，也成就了克林顿、奥巴马这样的平民总统梦。

美国人重视家庭，毫不隐讳地甚至非常直接地表达对家人的爱，这与我们比较含蓄的表达方式非常不同。记得刚到美国时去拜访美国各界人士，总是能在他们的办公室看到家人的照片摆放在明显的位置。开始我与他们不熟，不好意思去问究原因，后来熟了就问起，才知道这是他们对家人表达爱的一种方式，也是他们不懈工作及努力向上的动力。

美国人给我的感觉是自立、自强、自我，甚至是自私，一切以我为中心。美国人崇尚金钱，尊重成功人士，不大同情弱者。美国社会竞争十分激烈，生活压力巨大，稍有懈怠就有可能被淘汰，这就让人时时刻刻要居安思危，不断进步！

方磊：您是如何参与我国世贸谈判的？这其中有哪些令您难以忘怀的事情？

盛宝良：中国入世谈判前后长达16年。我有幸参与了其中9年，共两个阶段、三个战场的谈判。这两个阶段分别是入世谈判前期关贸总协定，对中国经济贸易体制与关贸体制一致性的审议及后期的中国市场准入谈判。而三个战场则分别为北京、日内瓦和华盛顿。我当时在外经贸部的工作是负责与国内相关部委及产业沟通协调谈判立场，及时更新我国的政策法律与法规，以便我国的贸易谈判代表在瑞士日内瓦向关贸成员通报并答疑。而在华盛顿期间的工作则主要是对美双边谈判，了解美国各界对我国入世的态度与立场，解释我国相关贸易投资政策。9年的谈判有许多令我难以忘怀的事情，其中最令我感慨的是，美国在整个谈判中的主导能力和对各成员国的影响能力。尽管关贸当时有100多个成员国，且各国在关贸中只占一席，但大家都在看美国的一票何时投、如何投。谈判的节奏主要取决于美国对我贸易体制和市场开放的满意度。过程十分艰难，时常拉锯，这就是整个谈判耗时长达16年之久的原因。

美国看中中国巨大的市场，而中国入世给美国提供了千载难逢的扩大其产品和服务进入中国市场的良机。谈判过程中最令我难以忘怀的事情则是说服美各界支持取消美对华最惠国待遇年度审议，给予中国永久最惠国待遇问题。这应该是中国入世谈判的一项重大成果，因为它不仅使得中国享受与其他成员国一样的平等贸易待遇，更使得美国不再将其与人权等政治问题挂钩。我在华盛顿的4年花了近70%的时间在这个问题上，经常邀请美工商会朋友一起午餐，参加美商界组织的各式圆桌会等，跑遍了华盛顿的大街小巷，甚至磨破了几双皮鞋。

方磊：您在国外是如何工作和生活的？这些工作与生活的方式使您有怎样的改变？

盛宝良：我们都知道，华人要在美国成功不是一件易事，尤其是第一代华人。虽说我是英语科班出身，工作以后也一直没有丢过英文，可初到美国还是遇到许多语言关。这种语言关在我在美生活了十多年后的今天依然存在，因为语言是文化的一部分。比如说，美国人喜欢看各式球赛，下班以后去酒吧，一起大声说笑，其语言我就难以听懂，所以基本上不去这些场合，而这些场合则是发展私人感情的一个很好机会。

另外，美国企业对白领华人的职业"天花板"多多少少还是存在的。作为一名华人，要消除这种"天花板"，要付出很多，除了自己要做出成绩外，还要学会与美国人沟通，这要浪费你很多时间，但你不得不去做。美国企业的政治其实不比我们的少，不懂企业政治的华人是很难在美出人头地的。

中美合作互惠共赢，企业年金、风险管控、产品开发将是未来方向

方磊：您是如何转行进入保险业的？

盛宝良：我在去美国之前，对保险毫无概念。去美以后，发现保险公司很活跃，经常出现在各种社交场合，是很多商业团体的活跃成员。在我负责的中美双边世贸谈判中，美保险界就异常活跃，这就使得我开始注意他们，并有意识地加强与这一类公司的接触。通过接触，我慢慢地了解了保险，其价值与作用，了解到美国保险公司为何急于进入中国市场，同时在美保险界结交了不少朋友。

我认识到保险需要有一颗关爱的心，保险也是一种理财方式，而这个行业当时在中国几乎是空白，有着巨大的发展机会。为此我在结束中国驻美使馆任期后，决定放弃外经贸部的工作，而投身于保险业。很多人包括我的家人当时对我的这个决定不解，而我当时一心要去尝试一个新领域，去学习，去挑战自己。回过头来，我对我当时的决定感到欣慰。因为我不仅学到了许多新知识，还有幸在全球最大的寿险行业协会组织担任重要职位，帮助包括中国在内的许多亚洲国家保险企业成长与发展。

方磊：您认为近年来中国保险企业以及中国的保险市场发生着哪些显著的变化？

盛宝良：自从1992年美国友邦保险公司叩开中国保险大门以来，中国保险业在过去20年的发展速度之快令人瞠目！中国已成为全球最重要的保险市场之一。LIMRA一直在关注中国市场的发展，并为此专门在我上海办公室安排了一个调研职位。我本人也经常在中美两地穿梭，与中国会员公司保持密切的接触。我感觉中国寿险市场目前正在进行转型，呈现如下显著变化：

1.寿险业务增长模式开始发生变化，由原来单纯的人力带动业务增长的粗放式向提升队伍素质和平均产能的集约式转变。

2.银保业务继续下滑，从重视规模向通过提升内涵价值带动业务增长转变。新兴的银行系保险公司正在尝试销售传统保障型产品，如重大疾病险。另一方面，越来越多的寿险公司已经开始调整产品结构，努力提高利润率较高的期交产品占比。

3.电销渠道发展如火如荼，竞争异常激烈，尤其是在人才招募方面。这是因为中小型公司试图以此渠道来谋求市场空间，而大型寿险企业也不愿将该新渠道拱手让出。

4.消费者维权意识明显加强，对销售误导的监管越来越严。新《保险法》就增加了许多保护消费者利益的条款。

5.外资公司纷纷调整在华策略，有的主动退出，有的调整股权。

方磊：您在与美国及中国保险企业的联系和交往中，感受到中国与美国保险企业的风格气度有哪些差别？

盛宝良：2001年我加盟LIMRA以来，经常穿梭于中美两地，感受到中美保险企业间确实存在许多不同，主要表现在以下几个方面：

1.双方高层文化中，中方很重视脸面与礼节，而美方则更重视内容与实际成果。比如说中方很喜欢举办签字仪式等类的活动。中方往往比美方好客，在接待方面做得热情周到，大方体面。

2.美方企业有很强的计划性，并一般按计划实施行动，而中方计划不如变化，有时还会有最后一刻的变卦，令人无所适从。

3.美国企业程序管理做得细致清楚，一板一眼，而中国企业则在此方面做得较粗，这就会造成工作中的混乱与低效。

4.中国企业签约要一层一层上报，流程一般较长，而美国企业则相对简单快捷。

方磊：您认为中国与美国相互之间频繁合作的价值和意义有哪些？这样的合作今后方向在哪儿？

盛宝良：任何合作都是建立在互惠共赢的基础之上，中美保险企业间的合作交流也不例外。就中国寿险企业来说，通过与美国的交流与合作，可以学到他们在渠道管理、产品研发、人才培训以及客户管理等诸方面的成功经

验，从而少走弯路。毕竟寿险在中国发展只有20多年的时间，而美国寿险业已经发展了200多年，是一个十分成熟的保险市场，有很多东西可供中国寿险业学习借鉴。

LIMRA寿险市场成熟度模型表明各国寿险市场其实遵循着一个共同的发展规律，所不同的只不过是发展速度罢了。该模型预测，美国用了200多年发展至今日的寿险成熟阶段，在中国可能只需30年的时间。所以这种双边交流与合作，对中国保险企业来说主要是获得知识和经验。而对美国企业来说，主要是通过提供知识与经验来谋求经济利益。此外，合作也打开了美方保险企业认识和了解中国保险企业的窗口，让他们知道中国还有一个拥有70多万营销人员的中国人寿和一个拥有世界一流水准的平安金融学院。美国保险企业还很好奇地发现银行保险过去几年来在中国以至整个亚洲取得了惊人的发展，业已成为许多寿险公司举足轻重的营销渠道。电销近年来在中国市场上红火也格外引起美企的关注，因为无论是银保还是电销，在美国寿险市场都不占一席之地。

关于中美保险企业今后的合作方向问题，我个人认为企业年金、风险管控、产品开发以及IT领域应有许多机会。

尊敬源于强大 理念与品质是保险强盛要素

方磊：作为在美的华人，中国经济飞速发展，综合国力逐步提高，您在国外生活时切实感受着哪些不同？

盛宝良：中国超越日本，成为全球第二大经济体，这是全体中国人的骄傲！现在在美国，几乎每天都有关于中国的媒体报道，到处都是中国的商品，家家都离不开中国商品，越来越多的中国企业到美国上市，越来越多的中国留学生和中国移民，越来越多的中国人到美国置业投资，越来越多的美国家庭让孩子学习中文……美国人开始对中国人刮目相看，尊敬多了，鄙视少了。中国人在美国人眼中的地位在明显提高。但同时美国也有一些人对中国的强大感到害怕，对中国人敬而远之。

方磊：LIMRA／LOMA寿险战略大会这几年有怎样的发展态势？今后努力的方向和理想是哪些？

盛宝良：LIMRA和LOMA每年在亚洲举办一次寿险战略大会。去年在北京成功举办，今年将移师越南。我们希望一届比一届办得成功。而要使得大会办得成功，会议内容及演讲嘉宾的选择至关重要。在此两方面我们需要包括中国在内的亚太地区寿险公司的更多帮助，告诉我们他们最感兴趣的话题，向我们推荐优秀的演讲嘉宾。寿险战略大会虽由LIMRA和LOMA主办，但它是属于大家的，希望中国寿险公司积极参与，更多地发挥主人翁作用。

方磊：您个人对中国保险企业的最大期望是什么？通过您的生活及工作阅历和思考，您认为中国保险业要强大现在需要的必要要素有哪些？

盛宝良：作为全球寿险业的智囊机构，LIMRA拥有全球众多寿险公司成功的数据和案例。LIMRA根据这些数据和案例整合了一个寿险产能发展模型。该模型指出寿险产能来自六大要素，即增员与选才、培训、活动量管理、激励（基本法）体制、职涯规划以及后援支持系统。这六大要素是一个有机的整体，相互作用，缺一不可。该模型指出寿险公司要实现业务增长，首先要进行增员，而且在增员过程中要进行选才，确保招聘到合适的人，因为并非每个人都适合做保险销售。

在与中国寿险企业的接触中，LIMRA也一直期望这些国际经验能够被中国寿险公司所接受并加以应用。我很欣喜地看到越来越多的中国寿险公司开始接受LIMRA的理念，并据此调整经营思路，从一味追求人力发展和市场份额向追求品质和利润转变。越来越多的中国寿险企业开始重视选才，因为人海战术在中国已经不再有效。

中国寿险业人才济济，这些年来通过广泛的国际交流与合作，也深知自己与国际先进公司之差距所在，并知道如何去补足这些差距，关键在于行动。

中国保险业发展到今天的规模是全体中国保险人的骄傲，但我们要清醒地认识到我们离强大还有很大的距离。LIMRA 2010年调研数据显示，中国代理人4年留存率只有8%，这是一个很低的数字，而美国该数据则几乎是我们的两倍。再从保单销售件数来看，中国营销员年均件数是10件，而美国则在35件左右。因此，中国保险人依然任重道远。

我个人认为，中国保险业目前正在进行的转型是一种必然，也希望转型成功，从而实现中国保险业的可持续健康发展。衷心祝愿中国保险业明天会更好！

一语中的

中国保险业要强大，有两个必要要素：一是理念上的，即我们要放弃浮躁，不能急于求成，要扎扎实实地去做保险。二是要狠抓品质，包括人员素质、产品品质和客户服务品质等。

——盛宝良

林秉耀

出生年月：1959年1月

台湾政治大学硕士

风险管理与保险专业

工作经历

1983年7月—1993年8月

任职于国泰人寿保险股份有限公司

1993年8月—2008年11月

国泰世纪产物保险股份有限公司副总经理

2008年11月出任国泰财产保险有限责任公司总经理

现已调越南工作

服务为王　原则是根

对于一个初来乍到的创业者，如果他足够明智，融合一定应该是他最先考虑的。在上海这个金融纵横繁茂的围城里有所斩获，林秉耀知道困难重重，但他依然相信国泰产险能"活下来"。自去年9月，林秉耀从台北国泰保险集团总部转战上海伊始，他就深知他所要做的远远比在台北时的多。"而融合就是我们首先要做的。"他明白这是一切的前提。

陌生的环境　熟悉的人

华美斑斓的上海，无论对于林秉耀还是国泰产险都是陌生的。"我们在一个陌生的环境里需要摸索，需要指引。"而在上海的台商就是他们最好的引路人，这被林秉耀看作是站稳脚跟的支点。"无论是经验还是专业，还是服务，与客户的维系关系，在台湾我们都是一流的，这是被整个市场检验而承认的。"在台湾没有人不知道国泰保险集团，对品牌的尊重和认可使林秉耀内心并不忐忑。在上海的台商里有很多是国泰的忠实客户，相守多年。"他们是我们拓展到祖国大陆来的重要价值和可能。"显然，相对于大陆对台湾保险不熟悉的人而言，台商群体是国泰产险成长的依托和最初的养分。"我们的老客户比较早来到大陆，人脉、人情、地利都很有优势，对市场的环境也熟悉，而我们之间又有着深厚的信任关系，无论是我们继续合作，还是他们引领我们进入市场，台商群体都是我们开创未来的基础。"林秉耀如此认为，当然绝不是因为他同样来自台湾。

对于市场，林秉耀态度非常务实，"在我们来的初期，我没有奢望。"在妥善准备后，稳定中快速求发展被他看作是国泰产险进入大陆所应该遵循的行进足迹。"我们不会急于一时的速度，现在对于我们最重要的是被市场所接纳。"国泰保险集团一直引以为豪的是它的完善、专业化的服务，这被林秉耀看作是一个企业的生存之本，"特别是对于一个保险企业。"贪图一时的速度，将会影响人力的投入，服务的水准，无法为客户提供更优质的服务。这被林秉耀看作是最糟糕的失败。"我们来大陆的心愿就是要把在台湾深为客户赞赏和喜爱的专业与服务，带到这里。"

国泰产险会在长江三角洲地区申请一家分公司，长江三角洲也将会成为他们谋求更多市场的"主战场"，而在全国广泛设立分公司才是他们更远的布局视野。这样的思路也恰是他们闯大陆之前思忖良久后既定策略上的有的放矢。

同样，无论是国泰产险还是林秉耀本人都不会仅仅把在大陆的理想全部寄托在台商群体之上。"我们如果只依托台商来延伸业务，那太有限了。"在大陆闯出属于自己的天地，林秉耀相信这不是梦想，"这充满着可能性。"他觉得不管是客户还是企业，台湾和大陆都是炎黄子孙，有着相同的思维，相同的语言，相同的文化背景，"与外资企业相比，我们在大陆的发展无论从情感上还是在客观上，都更有优势，做出成绩是完全可能的。"而培养当地的人才，则被他看作是当务之急。"人才的选拔，我认为应该不拘一格，唯才是用，力图在本土选用人才，将来我们有了更多分公司，我们也希望是在企业所属的本地寻找到人才。"林秉耀深悟"一方水土养一方人"，由环境中的人去经营环境中的事是一个捷径，事半功倍。作为资深的企业管理者，他自然明了此道。

附加值服务赢人心

为客户的附加价值服务，这被林秉耀看作是国泰产险在大陆扎根生长的最大倚仗和优势。"我们的附加价值服务可以对风险做最大的预防，最大降低风险和损失。在台湾有着很好的口碑。"他称之为"损害防阻"，无论是企业还是客户都将从中最大受益。"损害防阻"的内容非常丰富和细致：比如，在客户投保厂房火灾意外险时，公司会有专业人员去现场做细致查勘，并做出详尽的查勘报告，提出目前厂房隐患风险所在以及改进建议。"这不仅能使客户认识到有可能的风险，提供给他们改善的建议，为他们降低风险度，同时，为他们投保时也降低了费率，风险的防患未然也为公司最大可能降低了保费支出，对企业的效益也有积极意义。"

国泰产险的很多服务是超越出保险范畴的，林秉耀介绍在台湾公司会为每位汽车险的保户赠送"安全小锦囊"光盘，几乎所有安全行驶的知识内容尽揽其中，不一而足。像上下车要左手开车门，切勿用右手。为车主提供《旅游安全手册》，出行的安全意识和知识包罗万象并分门别类，条理有序。"我们的内容不会一成不变，每年度都有一个安全主题，光盘和书籍的内容都会更新和变化。为的就是让客户能够在生活中最大限度地得到自我保护和救助。"如何安全使用煤气、地震逃生的诸多技巧、工厂消防种种策略等等，都会传递给客户。

国泰产险提供的服务远不止于此，对于汽车险的客户他们还会提供道路救援服务，包括为汽车加油加水，"在一定距离之内，我们的服务都是免费的。"国泰产险将所有的服务整合，"如果你是我们公司多个险种的客户，我们所提供的服务不局限于你所投保的险种，是多方位的升级服务。"

在台湾每2个人就有1个是国泰的客户，林秉耀认为这是企业最大的品牌和价值，"我们的承诺，我们的水平不是1年、2年，也不是10年、20年，是几十年的时间所见证和考验了的。我们很愿意把这样的专业和服务的经验带到大陆来。"作为华夏同胞，无论是人情还是环境，林秉耀都懂得入乡随俗的重要。他非常清楚，国泰产险远道而来，纵然是顶着耀眼夺目的光环，但他们所需要逾越的困难却是尽在眼前的。"我们要调整的东西太多了，无论是观念还是时间、空间上的。"

大陆地理广阔纵横，在台湾可能十分钟里已经拜访了2、3个客户，而在大陆可能3个小时都不一定能完成一个客户的拜访。时间上的差别必然影响服务成本的投入。

为了让员工减少因为交通往返时间的消耗而带来的高成本，林秉耀思考在公司更成熟时由网络搭建起企业与客户的沟通桥梁，由当地营销部的人员对客户做定点拜访。因为社会环境、社会背景、生活方式、保险发展程度等诸多外在因素的不同和差异，国泰产险都必须在风险的判断、管理企业的方式等多方面做积极调整，"我们会多多向大陆同业请教、学习，我们希望能有更多可以和大陆同业交流的机会，我们将努力使自身适应符合当地的社会环境。"

有原则的适应

适应并不等于没有原则。林秉耀这样的信念也从未动摇过。他直言自己对于大陆个别公司的工作风格很不理解。"在台湾对于企业和家庭的财产投保之前，我们都会派专业技术人员到现场做细致查勘，做出书面的审查意见，除了确定费率之外，我们还要向客户提出我们的整改意见，以减少风险发生的可能性。现场的勘察是我们与客户签定保险合同的前提。大陆的一些公司似乎并不做勘察这一关键的保险流程。我感到这样非常危险。"林秉耀表示，如果国泰产险是占绝对地位的主投保商，他会坚持做现场查勘的流程，并与客户做深入沟通，依托书面审查建议书做出保单建议。"如果我们只是参与供保的其中一个单位，没有大的权限，对于保险流程中缺失现场勘察，我们只能感到无奈和遗憾。"但他所强调的是，无论国泰产险处于什么样的地位，如果他们切实洞察到客户的潜在风险明显而很难规避，他们都会毅然退出。原则是根本，眼前利益是渺小的。为渺小的眼前利益而丧失安身立命的根本是对客户和自己的最大伤害。林秉耀表示，这不单单是国泰产险，更是国泰保险集团能够传扬至今的经营理念。

作为国泰企业的老臣子，林秉耀自1983年起已在国泰工作了近30年，这也是他第一份和迄今为止的唯一一份工作。1993年他从国泰人寿转入到国泰世纪产险，2007年作为国泰产险在上海筹备小组的组长，直到去年9月，公司正式"竖旗迎宾"。"我一生中最重要的东西都是从国泰企业里学到的。比如，人的诚信、正直，"林秉耀说，是企业在默默地教育和培养我。因为大学的专业是法律，所以他深深明白商业活动中的合规经营、法规的遵守对于一个企业意味着什么，"与法规的背离一定是一条不归路。"

可贵的是，近30年的时光，并没有磨灭林秉耀对工作的兴趣和热情，"一直以来我就对开发和设计产品有兴趣，工作中我也始终琢磨着各种新产品设置的可能性。"大陆与台湾相比，有着更广的地域，更多的人口，"我很愿意来这里，它激发了我更多的思考。"研发出与同业不一样，更适合当地民情的更多产品是他最大的心愿。

保险对于林秉耀而言是人生旅途中的一个重要旅伴，"我一直很感激保险。"风险的忧患意识使他更冷静严肃地面对生活，"即使每次出门，我都要仔细检查电灯有没有关、水龙头有没有拧紧。"保险就像血液循环在身体一样，融入在他的生活细微之处。林秉耀最爱的运动是篮球和登山，并且他从中领会到生活深刻的道理。"它们对我的启示也让我在工作中受益匪浅。登山讲究人与人之间的团结，讲究分工，向导、炊事、后勤、医疗每个人都有各自的职责，而米、水都很有限，人们需要在有限的条件下，精化每个人的分工，在团结中跋涉到山巅。而且后半段，面临严酷的天气，体力下降，又需要人们超常的毅力和韧劲。这其中的思索和滋味同样适用于对一个企业的经营。"篮球讲求团队配合、协作和团结，与登山的精神异曲同工。在变幻莫测的市场下，企业能够自如生存、发展，不可不理解登山和篮球运动精神的内涵。从自己的爱好中，林秉耀收获着与工作相关的体悟。

上海与台北，千里之遥，但林秉耀并没有感到生活的不适，"这里是个多元化的开放城市，各地人都有，我们本就是同种同族，都是一样的亲切。"因为工作的忙碌，他已经一年多没有出过远门了。但他依旧难忘曾经在江南水乡所感触到的自然、从容、温婉、恬淡、清新，这也是他所向往的人生境界。

一语中的

我们与大陆本就是同根同种，做人做事都是一样的亲切。

——林秉耀

记者手记：

我很羡慕在林秉耀公司工作的员工，能够与林秉耀共事的人是幸运的。这是我和林秉耀近距离接触后最直接的强烈感受。街边的晨练的慈祥老者、菜市卖菜的朴实农民、友爱的邻里大伯，林秉耀就像你所见到的他们一样，使人内心不禁涌动着质朴而亲和的温情。当你在他身边的时候，你只会感到塌实的舒心。他的宽厚、平易、温和和友善，使你在与他交往中不仅获得一种温馨的安全感，更感染给你犹如亲情般恬淡的欣然。

因为严重的交通堵塞和恶劣的天气，对林秉耀的采访我迟到了将近1个小时，当我忐忑着满怀愧疚地准备向他道歉时，他笑容可掬地说："上海一直就是这样，车子很难走，别介意，让您费心了。"他满脸的真挚。采访结束，我私下里向林秉耀袒露我对他的感觉，"您是一个不会给人压力，不会对他人说'不'的人。"他亲和地微笑，"我们都应该理解和宽容别人。"林秉耀就是这样一个温和的人，和他在一起你可以做到坦荡和透明，你会抛却所有的压力和猜忌，他传达给你的是一种真实的轻松愉快。

林秉耀就像你邻居家的一位长者，关心你但不会去唐突地指教你。在人丛中，他的质朴和平易淹没了他所有的身份和背景，这是一种没有雕琢的内敛和谦逊。作为一个迄今只为一个企业工作了几十年的高管人员，如果没有对公司的忠诚和热爱，没有工作的勤勉和辛劳，在人才流动迅疾普遍的当下，他不会直到今天还是国泰的股肱之臣。其实，作为一位从业几十年的保险大家，他对自己的专业早已烂熟于心，但是他还是为这次采访潜心做足了功课，厚厚一叠资料提纲的准备让人不由得生出敬意。我相信，这不仅透露出他的勤奋和多思，更是他一贯严谨的工作作风。然而，在交流中他又几乎没有去看一眼自己所精心准备的提纲。真诚，是他对工作更是对人的态度。

林秉耀说自己最爱亲近大自然，尤爱江南水乡的雅致清新，使人内心安宁从容。人如其思，我想这恐怕也是他追求的意境。林秉耀内心的气质正如江南水乡所荡漾而出的恬淡、隽永、自然的品性，而这恰是一种更博大更永恒的魅力。也正是在认识林秉耀后，我真正懂得：人，是可以做一个让别人内心愉悦的人的。

先锋

张志豪

中国保险精英圆桌大会秘书长；

中国保险学会理事；

中华保险经理人协会理事；

《保险之星》杂志社社长；

中国百万圆桌教育网执行董事。

建筑心灵的居所

2013年7月13～15日，在中国保险业颇有影响，深受众多国内保险代理人关注和参与的第十届中国保险精英圆桌大会（CMF）在湖北武汉市举行。日前，本报记者与CMF秘书长张志豪就大会的诸多细致内容作了深入交流。

CMF生逢其时 突显中国文化

方磊：中国保险精英圆桌大会是在什么背景下创办的？初衷是什么？

张志豪：在CMF之前，很多精英都去国外参加会议，而中国国内还没有代表性的行业交流平台及荣誉组织，此背景下，在中国保险行业协会、中国保险学会、《中国保险报》三方的大力支持下，发起成立了中国百万圆桌高峰会议，时任中国保险学会会长潘履孚在创会时发言：关注全世界的保险会议，有顶尖业务人员参加的美国MDRT、有经理人参加的美国保险经理人协会GAMA，这都是以美国的保险市场为主流。

1991年，在新加坡有了"亚太寿险大会"，1996年在台湾有了首届"世界华人大会"，这些会议以中国台湾、中国香港、新加坡、马来西亚等保险市场为主流。但随着中国大陆保险业的蓬勃发展，以及寿险从业人员对新知的需求，需要一个具有广泛代表性的平台，业务精英在此沟通交流、凝聚共识、提升专业、相互激励产生新的工作目标和动力，让营销之路走得更长、更远。"2004首届中国保险精英圆桌大会正是为了实现这个目标而召开的，这个盛会可谓生逢其时。"

CMF是以提升中国保险精英专业素质为己任，以团结广大会员共同振兴民族保险为奋斗目标的自律性组织。它追求一种具有良好职业道德水准的文化氛围，是全球华人保险精英交流互动和学习成长的高端平台。

方磊：从连续多年的大会情况来看，实际效果如何？您认为对中国保险业的推进有哪些积极作用？

张志豪：起步阶段，参会会员较少，组委会筹备费用不足，大会又要品质，因此组委会多是负荷运转，刚开始对大型会议经验不足，在此期间也承受了很多压力。但在坚持过程中，我们在精英化、人文化、品质化、国际化等方面取得了进展，而且在两岸四地保险行业的影响力也日渐扩大。

CMF发展至今，我们借鉴了国际行业盛会的运营模式，并着力融入中国特色以及中国文化。我们不能照搬西方的模式，在很多细节之处需要突出本土文化，我们立志要打造出民族品牌，比如在大会开幕式及明星之夜中我们就要努力表现民族文化的内容。

保险代理人：前景广阔基本功扎实是王道

方磊：多年来，在历届大会各个环节设置中有哪些不同的变化？这些变化是如何在思考后作出的？大会是如何保证自身品质和水准的？

张志豪：多年来，CMF坚持先优化后固化的办会思想，对每届大会的亮点加以保持，不足的环节给予完善，这种环节性的变化，体现在大会的会前、会中、会后，体现在开幕式、保险明星之夜及各分会场。

每次大会组委会都对各个层面作深入的调查、了解，对当前市场的变化、经理人的思考、业务一线的瓶颈及需求加以分析、总结，作为思考决策的依据。例如大会现场内外布置，我们注重参会学员的视觉感受以及文化氛围，组委会专门聘请中国舞美协会资深专家作指导，课程规划。我们不但注重技术学员层面"术"的部分，更注重"道"的方面、"德"的修养，组委会为此特邀中央党校刘余莉教授等国内多位知名国学专家作为常年国学荣誉顾问，积极促进行业保险文化创新发展。

在各个大会论坛上，我们所设置的讲课主题都很有时代性和针对性，也绝不仅仅只与保险有关，比如我们会设置与中国文化密切相关的讲座，提升我们保险人的内在修养，还会请来健康、法律、体育等等各界的专家提升我们保险人的综合素养。每年大会对业内讲师的选择，我们都会认真调研，选择口碑普遍认同、业绩品德突出、口才及授课能力出众的公司冠军及行业标杆。

现在我们的目标很明确，已经不再追求更大规模，而是更在意品质的升华，比如在大会的很多细节之处都要努力做到更好，我们努力让每一届CMF年会成为特色，都有亮点。

方磊：您认为随着中国保险业的发展，中国保险代理人目前面临怎样的发展前景？同时也面临着怎样的发展困境？

张志豪：保险代理人在欧美等发达国家是常青职业，100多年来从未衰退过，并一直是白领职业，被社会所尊重。因此，随着保险业的蓬勃发展，保险市场的不断深入，人民生活品质的提高，大众对保险的认识不断加强，这对于保险代理人来讲，有着无限发展的空间和广阔的前景。

中国自1992年引入保险营销制度至今，尤其是当前，无论是公司还是个人，对保险业的创新与市场服务都提出了更高的要求，机遇与困难并存。现在的发展困境也有诸多因素，需要进一步提高保险行业信用，提升保险行业的社会地位。从营销员的角度来看，薪酬待遇没有稳定保障，业绩考核压力大，心理压力大，又没有归宿感，造成代理人的流失非常严重。公司每年每天都在强调增员，但保险业对高素质人才难有吸引力。保险产品是金融产品，属于高端产品，满足高端人群，又需要高素质人才去服务。但受传统观念影响，高素质人才不愿意从事保险营销工作，所以这些现象也值得大家深思。

方磊：您认为中国代理人在现今时代需要作哪些实际的准备和提高？

张志豪：面对当今的市场及未来白热化的竞争，首先我们要有扎实的基本功，要掌握包括保险专业知识、国家经济政策、金融综合知识、法律常识、理财技巧等，只有基本功扎实，才能从各个方面为客户服务。其次，作为保险代理人，应当摆正自己的心态——诚实、守信；要真正去为客户的人生保障负责，也对所服务的公司负责。最后，作为保险代理人，要不断提高自身综合素质，创新营销服务模式。例如，有些精英利用自身优势开发出"网络营销""文化营销"等新模式，更好的服务拉近了客户距离，同时也提升了个人品牌形象。

"青苹果"之悟：接受存在心怀感恩

方磊：你们与国际上类似的大会有没有交流合作？有哪些借鉴？接下来大会的发展方向大致会是怎样的？

张志豪：我们在2009年与两岸四地八大华人保险营销市场的领先性行业组织签署了《两岸四地友好合作联合声明》，标志着两岸四地保险营销高端交通平台的正式搭建。在第九届大会上，我们签署了《CMF大会与亚太寿险理财大会友好合作协议》，我想这表明CMF大会正式走向国际舞台。我们想创造更多机遇让更多的国外友人来中国参加CMF。

方磊：业内有人对你们有批评和反对的声音，比如有人非议你们借助大会盈利，对此您如何看待？

张志豪：CMF能否长期健康地经营和发展，需要业界各位同仁的支持和鼓励；当然也有一些其他的声音出现，我们会坦然接受；而对于那些善意的建设性意见与恳切的批评，我会充满感恩地认真去思考并积极改进。谈到盈利行为，和国内外很多组织一样，是会议的组织者承办者，是保险文化的传播者，承担着相应的使命和责任。大会需要不断经营发展，不断追求高品质就必须盈利，才能长久，不需要我去解释。对于那些质疑和非议，我认为需要理性对待；对于一些别有用心的指责，我不会去理睬。只要我们做的是正确的事，有利于国家，有利于行业发展，我们就会去坚持。

方磊：这些年您对大会的操作与经营作出了怎样的付出和牺牲，您希望大会对中国的保险业、为中国的代理人带来怎样的价值和意义？

张志豪：因为大会的盈利模式比较单一，组委会收取的参会费用也只是同类会议的二分之一或三分之一，会务费用开销又较大，因此，我们前几年都是亏本在经营大会，其中的艰辛和困苦，知道的人恐怕很少，但我觉得所有的牺牲和付出都很值得，很有意义。因为我们知道，这是在建造营销人员自己的组织、自己的家，在这个家里认同的是对生命的态度，为这个家所带来的荣耀，若干个舞台上的人就是这个家庭成员的缩影，这个家的使命就是为社会服务，为中华民族的传承和延续贡献自己应有的力量。因此，在CMF大会的现场，你会感受到那强大的气场和前进的方向，你会找到无限的正能量。

CMF大会在各种压力下，一路走来，从首届的600余人到现在的8000人，相信每一个参与过的人，不论他身在何处，都会将CMF认同为一座心灵的栖所，给人一种高度、一种宽广、一种情感追求。我始终觉得中国人的价值要被中国人的组织认可，我希望我们可以推动中国保险业与国际接轨，成为世界一流的行业精英交流平台。

营销是一个充满挑战的职业，也是一个服务社会的高尚职业。在国外，像乔·吉拉德、原一平这样的销售精英可以得到社会各界的尊重，成为全民偶像与励志榜样。希望在中国看到有更多的伙伴、行业的精英走向世界的舞台，被世界所认可。

方磊：第十届CMF圆桌大会与之前相比总体有哪些特别之处？有哪些吸引人的环节和亮点？

张志豪：十八大召开，基层营销员当选"十八大"代表引关注，十八大开局之年迎来了第十届CMF圆桌大会，作为行业的风向标，如何把学习贯彻十八大精神与做好当前营销工作结合起来，此次盛会将影响中国寿险未来一年甚至更长时间的发展。

现在可以透露的亮点包括：中国保险业"魅力领袖"圆桌对话；届时将邀请中国人寿总裁李良温、平安人寿董事长丁当、泰康人寿董事长陈东升、新华人寿总裁何志光及三大国有公司原掌门人王宪章、唐运祥、戴凤举等重量级嘉宾相约武汉；中国保险年度人物颁奖典礼：由《中国保险报》、CMF圆桌大会、中保网共同主办的"中国保险年度人物评选"，经过个人和公司推荐、广大读者网络实名投票和报纸投票、专家评委会审定等规定程序，届时隆重揭晓；中国传统文化之夜：国学是中华文明的精神与灵魂，是每个家庭和谐的法宝，是每个人安身立命的基本原则，是我们永不断绝的民族命脉，CMF十周年将传统与现代、音乐与艺术、古典与流行、国学与营销达到良好的融合，完美呈现。

方磊：CMF十周年的本届大会有哪些突出的主题？会以哪些方式表达？

张志豪：本届大会主题为"知行合一十年恩典"。十年的历程，十年的成长，新的学员已经蜕变成行业的领袖，CMF的会员及学员们现已遍布在两岸四地。我们期待下一个十年，CMF和中国保险文化一起传播于世界各地。

十年的沉淀已经形成CMF独有的品牌文化体系，本届大会将会在十年总结的基础上同时提出对未来寿险行业的期望和CMF的期许，以十年为单位开启梦想。本届大会还增加了一个为十周年特设的环节——"为下一个十年许愿"，这些愿望会在明星之夜当晚封存，于2023年明星之夜开启，之后将进入一个新的庆典环节。

本届大会在原有的杰出业务营销专场、组织发展领袖专场、银行保险经理人圆桌论坛、CMF会员等专场基础上又新增设了VIP高端客户专场、CMF华人冠军联盟等专场，与历届相比，参与的人数与会议规模都有所增加，课程的针对性也更强。

随着网络信息技术的发展，"微博营销"及"网络营销"的成功，也给保险行业带来许多启发，因此本届大会特设创新营销专场，深度解读新形势下行业发展的新思路新方法。

方磊：从保险之中您有哪些人生的收获和心灵的启迪？

张志豪：做事要有"青苹果"的状态。青苹果代表着生机和活力、成长和进步，虽然有些瑕疵，还不够成熟和完美，但是我们会有成长的热情、信心和勇气。

投入到保险业中，使我深怀感恩之心去面对生活。勤奋、诚信、专注是我对自己的自勉，也是对营销伙伴们的鼓励。在大会的运营中，我对我们的保险事业感到更大的责任和拥有为之奋斗的动力。同时，我也因为保险收获了很多朋友，使我的心境更为豁达、积极、乐观。我接受存在的，即使那些不快乐和很难做好的，我也会享受自己努力的过程。我投身我的事业之中，很多时候是在享受一种快乐。我内心的成熟感、使命感和自豪感是无法用金钱来衡量的。

十年的磨练，内心的收获最大，用六个字来表达："接受"，不管是顺境还是逆境，我们都无怨无悔、坦然接受；"责任"，敢于承担责任，不逃避，不庇护，不断在发展中积累经验，永远以乐观的心态寻找人生的机会；"感恩"，十年的时间，感恩的人和事都很多，感恩我们德高望重的中国保监会前主席马永伟，感恩中国保险协会原会长王宪章先生，中国保险学会前会长罗忠敏先生，中国保险报业股份有限公司董事长赵健，还有三届大会主席——创会主席刘朝霞、荣誉主席丁庆年、现任主席蹇宏，他们都为大会和行业作了很多奉献和牺牲，还有很多朋友及港澳台的各位同仁，他们是CMF源源不断成长的动力。

记者手记：

因为工作，我与张志豪结识年头已不短，但联系谈不上密切，所以很难称有多熟络。直到2012年第九届CMF大会的举办，我与他才算有了比较深入的交流，对他也有了些更真切的感受。

印象中张志豪很少笑，他更多的时候展现在人们面前的总是沉静和淡然。你在与他的交流中，很难从声音和表情发觉他内心的感情色彩。然而，对于人们嘱托和请求他去做的事情，他总是会高效和真切地去落实办到，尽管他从来没有像很多人在承诺他人时的成竹在胸和信誓旦旦。他在和我交流中，很多次与我谈起作为CMF主办方和办会人的诚信。在我与他几年来有限的交往中，我感受他是个低调、靠谱的人。

这次大会，我和众多的保险代理人有着细致的交流，他们对张志豪的崇敬和仰慕，以及他在保险代理人心目中的威望让我多少感到有些意外。因为作为一个常年隐遁在光彩盛会的幕后者，在代理人中能有如此大的号召力和影响力，这足以表明代理人群体对CMF的欢迎和关注，说明大会有着打动他们的内容。CMF在代理人中逐渐显现的影响力，正渐入人心，已经越发吸引他们，同时也显露出张志豪对于CMF的不懈投入和思索。

张志豪对我说，他对于名利很看淡看轻，这或许可以从另外的角度解释他为什么这么多年来一直甘于幕后。为了对他进行更有效的采访，我曾经给了他一个参考的访谈提纲，其中有一些关于他个人付出的问题。他在给我回复的内容中，对于这类问题往往写得很轻淡，笔触间谈论最多的还是CMF的努力和冀望。作为与张志豪并没有紧密关联的旁观者，我不敢确认他绝对做到了把名利看淡看轻，但我能感受到他在主观上是这样去践行自己的理念，尽可能地抛却个人的私心和欲念。

　　因为采访工作，我曾经近距离接触和感受过包括今年在内的几届CMF大会，单就形式而言，我感受到更多的新颖和丰富，一些细节的掌控和把握也日趋精致和完善，这其中可以映射出主办方对于大会定位与发展方向的潜心探究和细致规划。这些喜悦的发现，如果没有用心与专注，没有勤勉和付出，是难以实现的。张志豪曾经有一句话让我深感振奋："我们盼望可以实现由中国人举办的中国保险精英大会成为全世界最重要的保险大会之一。"这样一种雄心和梦想，实在让中国保险人提气。CMF倘若真能实现，也的确是中国保险业的光荣。在大会中突出中国文化元素、大会不同环节不同会场的精心设置、大会与华人保险界各种交流平台的搭建、对当前保险业内变化与发展的不间断调查了解，都体现出张志豪、CMF对这样一种雄心和梦想可能性的追求。从实际来看，这样的追求现在呈现着扎实和勤奋。

　　一直以来，对于CMF大会，业内也不断有着异议，对于此，我倒是非常欣赏张志豪的态度："只要我们做得有正气，对保险行业发展有帮助，我们就会去坚持。而对于那些善意的建设性意见与恳切的批评，我会充满感恩地认真思考并努力实践与改进。"他的"青苹果"理念也令我颇受触动，我想这些都是梦想者旅程行囊里的勇气和智慧。张志豪告诉我，他希望把CMF办成中国保险业的"奥斯卡"，平缓冷静的语气中蕴藏着磅礴的豪情，比起"奥斯卡"，我倒是更喜欢他对CMF的另一种愿景，"希望每一个参与过CMF的人，都会将CMF认同为一座心灵的栖所。"因为我相信，比起荣誉的绚烂和夺目，内心的荣耀、自豪和幸福的皈依才是每一个参与者最珍贵的财富，这恐怕也是CMF最渴盼企及的理想。

　　出于职业的公正和客观，我不可以肆意判定CMF未来将有着多么辉煌的发展，也不敢在缺少更多事实依据和时间的验证下，仓促预测CMF将会在世界产生多么巨大的影响力，但对于CMF的未来我将保持我真挚的关切，对于张志豪，我愿意献上我的敬意和祝愿。

刘志强

1969年生，吉林松原人，祖籍广东番禺。安华农业保险股份有限公司董事长，机械工程师，数量经济学博士，古典词人。

2007年之前，东北证券投资银行管理总部总经理。

2008年至今，安华农业保险股份有限公司董事长。

最爱临风笛

科技花蕾盛放 丰收硕果在望

在安华农业保险董事长刘志强的会客室里有一架小型查勘飞机的机体，那是安华科技成果的结晶代表，凝聚着安华在农险专业科技中的种种玄机，更引发着农险领域内各方志士观摩与学习，激发出更多对科技服务于农险的探究兴趣与热情。"那只是工具"，面对惊叹和赞赏，喜好钻研工业发明的刘志强常常这样说。他内心很清醒，再高超的工具都不足以令人心满意足，他渴望那些负载着科研因子的工具引领安华去往正确的地方，做出对的事情，成就许久以来的理想。

刘志强介绍，安华农险的无人机技术主要应用在种植业保险和林业保险方面。"在种植业保险的承保环节，通过使用无人机对保险标的进行检验，防止参保标的不符、虚假投保等情况的发生，有效解决农业保险存在较大的逆选择投保行为。"

而在查勘环节上，公司通过使用无人机对灾害进行及时航拍，"有效解决农业保险灾害损失难以及时核实、难以及时核准等问题，防止人工测量时间长、准确性差、难以保证保险双方公平的问题。"

由于林业保险的主要风险是火灾，"搭载热成像系统的无人机可及早发现温度变化，对火灾隐患采取预防性措施，避免成灾。"对于正在研发中的AH-7，刘志强介绍，该机型将会用于森林火灾的预防工作，"AH-7可搭载精确追踪初级火源的灭火弹，对森林火灾采取早发现、早处置的手段。"

显然，刘志强并不希望无人机等先进科技运用仅仅局限于此，它的触角正渐渐延伸到安华农险养殖业保险等多重领域，"我们在开办养殖业保险时的高科技应用，主要有通过给标的牲畜注射自主研发的植入式电子标签，准确识别单一的牲畜个体。"

拥有自己的科技实验室，在中国保险企业之中颇具一种卓尔不凡的个性。在此之前，我似乎还没有关于保险企业建设和开办自己科技实验室的耳闻，我想这一方面与企业经济实力有关，更重要的一方面恐怕还在于人们的意识和思想。而安华作为一家以农业保险专业能力专业领域为内核的保险企业，能够建设为自己提供技术和科技支持的实验室，不能不说是表现了企业经营者的前瞻、远见和专业科技制胜的态度与理念。

"在开办农业保险过程中，我们发现，由于农业保险与传统财产保险的区别很大，农业保险的各个环节都存在诸多风险点。"刘志强谈到，为有效解决这些问题，他们也是下了很大决心，投入巨大的人力物力财力，成立了安华研究院，下设学术委员会、标准委员会、保险研究所、数学研究所、工程技术研究所等机构。"主要围绕解决农业保险中的全部风险点进行研究，通过创新，将现代化技术应用到农业保险实务中。从目前的使用效果看，收到了非常好的效果。"

据刘志强介绍，学术委员会主要通过学术研究，推动农业保险理论的发展，安华连续四年发布《中国农业保险发展报告》，取得了较好的效果。

标准委员会致力于农业保险承保、查勘、理赔等环节的各项标准。"目前已经有多项标准在使用，理清农业保险的标准化开办流程，也让我们节省了大

刘志强（右一）在农村实地考察中

量的人工。"

　　保险研究所致力于灾害样本数字化管理、产量保险、生猪价格指数保险和农作物价格保险等保险产品的开发研究，"我们研发的这些产品有的已经在提交审批中。"

　　数学研究所主要通过开发数学模型，对实务有所指导。

　　针对大面积旱灾，数学研究所将发挥大的功用，"我们将利用自主研发的数学模型，采取气象指数评估的办法，解决了损失程度和损失面积核定的难题。"另外，通过研究自然灾害对农业生长的周期性影响，预测产量。通过数学模型，厘定费率。数学研究所还每年发布各省农业保险年景指数，对经营起到指导作用。通过模型，对各地粮食产量及种植业保险赔付率进行预测。

　　工程技术研究所于2008年底成立，专门致力于农业保险所迫切需要的航空、机械、电子、测绘、遥感、数据融合、信息处理等多领域的技术研究工作。"现已研发定型AH-1、AH-3N、AH-7等多款无人机，AH-4、19、20等其他用途的多种型号无人机正在研制中。"

敢想、慎言、缜思、善行

"我们的专业化建设从没有停滞"，尽管安华农险在4年之内已经没有分支机构的开设，但刘志强对安华的潜力饱含自信。"我们的农业保险专业能力已经赢得中国乃至世界专业领域内认可，我们的专业能力毋庸置疑。我们用自身实际能力取信于农户、监管部门、地方政府、学者、公众等各方人士，把农业保险真正落实为保险。"

安华目前的企业规模还远谈不上大，然而刘志强对安华规模的发展有着谨慎的态度，"我们对于企业规模的扩大是要根据客观实际的，是逐步的过程，我们接下来还是会把扩展企业规模的主要精力放在灾害模式与我们东北相近的华北、西北等地区，会用较少的精力验证其余新省份的企业布局的可能性。"

为中国农业保险专业化的发起和推动发挥主导作用，刘志强认为安华是比较合格的，"我们更有担当推进中国农险发展的决心和信心。"对于中国农业保险未来的方向，刘志强言辞显得格外慎重。"我们有决心竭尽全力为中国农险发展而努力，但我们不追求我们在保险业中的地位。对农险的未来发展我不能贸然评价。"如何将农险做专业，如何满足未来的保险需求，刘志强认为这才是最需要他们思考和实践的范畴。

四年前安华与吉林农业大学合作，大学为安华提供农业保险专业的科班人才，安华通过高等教育专业机构为自己储备专业人才和后备力量，在学校农业保险专业的农业理论课程中，安华企业特色也被收入在课程之中。"我们希望能最大限度为我们留住人才。"刘志强相信要想把农业保险经营好，不能仅仅靠企业孤军奋战，"我们需要行业之间的共同协作，这也是一种良好的工作、生活和文化氛围。"像无人机在农业领域的广泛使用，大有可为，正是这种安华企业文化的结晶。

曾经在采访一位国内知名老农险经营者时，他坦率谈到，他认为中国农险企业发展要想有更大前程，必须走出当地，突破当地的政策支持，才能真正成长成熟。这样的观点得到刘志强的认同，"作为农险企业，一定要提前作市场化的准备，而真正进入市场化，政府优势是一定会失去的。"他特别谈到，作为农险公司，要格外警惕现在保险市场在某些公司在某些领域呈现出的无序低档竞争。"作为农险企业，自律竞争至关重要，我们千万要避免将农业保险也滑下保险市场的低档竞争漩涡里，这种低档非市场化的竞争会毁掉农险，毁掉公司，可以说伤人伤己。"刘志强认为，与其他保险企业相比，农险企业必须更需要勇气，这样的勇气表现在不同地域的市场开拓，产品开发，费率制定上。"企业市场发展不能一概而论，要有地域的分别，根据不同地域的市场实际差别，保险产品要不一样，费率也不尽相同。"显然，这掷地有声的勇气背后是远见、胆识和谋略，没有专业技能的支持，没有审时度势的大局观，没有市场的缜密洞悉，勇气只是一种空谈。

病去抽丝 痛定思痛 农险落实为保险

近年来，安华曾被各种负面信息所围绕，甚至遭受保监会处罚。这些使安华来之不易的成长大伤元气，更令人痛惜的是安华的声誉在业内深受折损。刘志强对安华所遭逢的连续重创形容为"灭顶之灾"。"当这一切过去时，我们感到病去如抽丝。"

对安华曾经的历史，刘志强并不忌讳，也不回避，"曾经的教训对安华的发展也有好处，我们在受处罚后财务方面可以做到完全合规，同时在专业化上我们努力提升专业技能，成立多种科学研究机构，在发展业务和服务上脚踏实

刘志强（左）在农村实地听取工作汇报

地，用更多的勤奋和努力来恢复我们在业内的形象。"刘志强承认，曾经的失误让安华付出很大的代价，走了弯路，在痛定思痛后安华已经表现出触底反弹的强劲势头。"无论环境曾经有多消极，我们都应该积极看待自己。"刘志强认为，企业的成长就应具备这种坚韧力量和永不气馁的志气。

"要将农业保险真正落实为保险。"刘志强这句听似重复的话语一直令我久久自忖。但我也知道，如果在这看似朴素和直白之中没有更多深意，他不会如此着重向我表述，这其中饱含刘志强对农险的深情。"2007年，国家财政开始补贴农业保险。从那时起，我们就发现一个问题，即农业保险到底是不是'保险'？由于中国农业生产经营分散化的特点，农业保险承保人在经营农险时往往不知道被保险人是谁，不知道保险标的在哪儿、种的是什么，事故发生后也无法及时确定损失程度和损失面积，于是赔付时争争讲讲，保险人和被保险人像卖菜一样讨价还价。连这些最基本的保险要素都不能确定，农业保险就无法实现其应有的功能，这样的农业保险还能称之为"保险"吗？"

刘志强告诉我，安华的做法是，通过一系列的手段方法，来解决上述问题。比如采用引入新科技（无人飞机、射频技术），解决保险标的、损失程度无法核实的问题；采用数据分析、理论研究指导，对风险进行有效的预测、防范和管理。同时，将这些手段方法应用到防灾减损上，例如驱雹、除虫、林业监控等，完善农业保险的功能。

通过种种专业化服务，把涉农保险做深、做透，使农业保险的经营符合保险的基本原理和原则，实现其应有的"保险"功能，从而"真正落实为保险"。

关于今天的农险事业，刘志强非常感恩于自己曾经的工作经历，"过去我从事的工作领域与我今天经营农险企业有着很强的内在关联。"发动机工业科班出身使刘志强对科技的研发和应用非常看重和用心，应该说科技实验室的建设、无人机的广泛投用都与他对科技的关注和思索密不可分。"对工业的熟悉，培养了我从科技角度的思考习惯。"曾经在投资银行工作的经历也让刘志强感受到在今天的农险事业里受益匪浅，"令我更拓宽了视野，使我锻炼了用更冷静客观的资本视角去思考和经营企业。"关于今天自己投身的农业保险事业，刘志强满腹情怀以一言蔽之，"我现在找到了自己一生的事业！"

古典吉他是刘志强时常怡情的方式，每日6000米的慢跑是他持之以恒的健身，难得闲适之时，阅读与写作古典诗词成为刘志强舒心的情趣，公司员工喜结连理，他用自己创作的古诗词献上自己的心意。夜读后的思悟与感怀，他用自己创作的古诗词言说个人启示，鞭策鼓舞勉励自己。显然，古典诗词对于他不仅仅只是一个爱好兴趣，"对古典诗词的阅读与领悟让我对世界的认识厚重，收获很多心灵的感悟和对人生的思考。写作古典诗词使我的情绪可以有效地排解。"古典诗词中的人生教益更使刘志强在事业上从外而内有了扎实的信念支撑。

曾经让刘志强颇为遗憾的，是他没能继续工业上的研究，没能实现自己的工业梦想，但农业保险事业使他情愿倾心付出一切，今天的无悔早已在心灵上补偿了从前的失落。

纵览自己的事业征程，刘志强感到农业保险对于他个人是史无前例的对意志的磨练，"从事农险，不仅使我自身修养得以提升和完善，也令我性格更为坚韧顽强，思考问题的角度更为全面。"

在刘志强心底深处有着天马行空的想象，而他很珍惜安华所赋予他在事业理想上有了实践施展的舞台，"我感觉自己的心底时常充满着创新的念头和想法，安华就像在我心上的窗口，使我创新思想的萌芽可以灿烂地盛开。"

对于安华，刘志强已是全情投入，他渴盼自己能有多一些的想象，使创新的火花可以实现绚烂的绽放，在中国古朴广袤的农田大地上落地为种，无限丰收。

断虹霁雨，净秋空，山染修眉新绿。

桂影扶疏，谁便道，今夕清辉不足？

万里青天，姮娥何处，驾此一轮玉。

寒光零乱，为谁偏照醽醁？

年少从我追游，晚凉幽径，绕张园森木。

共倒金荷，家万里，难得尊前相属。

老子平生，江南江北，最爱临风笛。

孙郎微笑，坐来声喷霜竹。

——黄庭坚《念奴娇》

很久以来，黄庭坚这首《念奴娇》甚为我欢喜，那其中深蕴的高拔生命境界常常令我仰止崇敬，也为自己不及于此品性而心愧。对旧体词鉴赏与写作颇有造诣的刘志强，一定从大家名作豪健笔力中深悟那份人生世事中坦荡、旷

刘志强希冀沙漠变桑田

达、倔强、伟岸的襟怀，那荣辱不萦于怀、浮沉不系于心的生命态度。我愿意
相信，这也一定是刘志强内心所奋力想达到的人生境界，在浩瀚丰饶的农田大
地上，他亦"最爱临风笛"，听取那回响不绝的悠扬笛声。

一语中的：
要将农业保险真正落实为保险。

——刘志强

记者手记：

浪淘沙·夜读毛泽东

银汉转依依，璀璨迷离。

凭窗携卷有传奇。

遍照江山何所据，

星曜云集。

天下再无敌，万里东西。

三千将帅阅京畿。

我欲夜阑寻梦影，

猎猎军旗。

《浪淘沙·夜读毛泽东》这首词扑面袭来的磅礴锐气和充溢鼓荡的豪情，让我感触到作者的壮志和砥砺，读来总会令人在豪迈浪漫之情怀中心灵激扬感动，当我对刘志强访谈之后再读到时，更有种别样的感触，仿佛对他有更多更真的认识。

在我所相识的众多中外保险经理人之中，刘志强算是在专业技术领域极为专注和用心的，对科技的看重也是在我所见识的诸位名角中尤为突出的。而作为安华这样一家农业保险企业，科技专业技能的水平将直接影响它的发展潜能和日后前进的纵深度。应该说刘志强对科技的注重和关切，恰好把住了农业保险企业发展的命脉。像无人机高效运用、多项专业科学实验室的研究、与大学交流合作对专业农业科技人才的培养储备等，都极为充分地表明，这样一种对科技的专注已经深入实际，已经从尝试走向切实的为我所用，正渐渐成为企业发展的可靠强劲的原动力之一。

刘志强在向我谈起安华各种科技运用时，神情生动充满光彩，我知道在这样热切的表述中蕴含着他不懈的钻研思考。因为工科出身，对于工业科技领域，刘志强有着自然的兴趣和探究的热情，所以他的思考在我看来主要并非来自外界压力的逼迫，而更是发自内心的热忱，这样从容中的思索才更有理性更有实践价值。尤其令我感佩的是，安华的诸多科技成果已在公司农业多重领域屡现奇效，屡立奇功。最为重要的是科技的动能使得安华在农业保险服务上快捷高效，像科技工具——无人机，科技力量——科学实验室，科技人才——大学专业农业保险人才培育储备，这些科技能量汇聚成科技动源，使企业发展在科技轨道上飞驰，这不能不说是专注于科技的刘志强所传输和贯彻的理念和思路。

刘志强接任安华总舵手后，正遭逢安华流年不利的光景，高层反复变动、受到监管部门处罚，"那是我们处于最低谷的时期，好在我们挺过来了。"正如刘志强所认为的，那段时间也是充满教益的，给了安华教训也给予安华自省反思。时至今日，刘志强并不讳言安华经历的那段尴尬，交流中他向我很坦诚地表述了自己在那段时间里的所思所感所悟，我从他这样的坦荡中，看到了他对过去岁月的真诚和迎向未来的勇气。

刘志强说，农险的征程是对一个人最好的磨练，他在农险中找到了一生的志向，我愿意相信这是他有感而发的心里话，农险正铸炼磨砺着他更男人的心性。尽管在科技探求上刘志强尽显奔放，但在谈到企业经营和业务规划时，他给我的感触是慎言、务实、清醒。当众多同行前来求教无人机运用，并由衷大为赞赏时，刘志强坚持说，"无人机只是工具。"对中国农业保险格局与前景，安华在其中的地位等远景宏观问题，他不愿过多言说。对科学实验室和科技研发的看重，同时对预算投资的把控，都表明刘志强敢想敢行，但不会好高骛远，不会好大喜功，他注重实际，客观务实，并有清醒的分析思考。而在谈到安华对中国农业保险的推动时，刘志强对安华的实力显得尤为自信，对使命的担当和接受溢于言表。

面对农险，刘志强尽管是半路出家，但他对分支机构的选择和拓展显现出冷静的思维和缜密的大局观。选择灾害模式相近的省份拓展，可以高效防控风险，同时在业务延展中思路、方略、技术方法趋近，使业务发展得以有效保证，容易事半功倍。

作为多年跑农业保险的记者，我极为认同和赞许刘志强对于农业企业要为市场化作准备的观点，农业保险企业要想为中国农业保险奉献更大价值，务必需要走出当地政策优势，如若这一瓶颈不能突破，无论业绩多么光鲜，都只能在当地偏安一隅，难以为中国农险事业提供更广阔的实践意义。

从专注于农业保险报道始，直至今日，安华农险一直是我采编工作中较为关注的企业。在我的视野中，它似乎更能代表中国农业保险企业的未来，它更具有中国农业保险探寻的全国性实践意义。我曾经在多篇对安华的报道中都直抒胸臆，表达了对安华的看好和期许。然而，这几年我对安华的心绪也如同它的境遇一样在复杂的世事跌宕中几经浮沉，好在今朝安华在科技大道上步伐安好，扎实渐进，令人慰藉。

刘志强与安华的相互选择在命运的奇巧中仿佛有着冥冥之中的暗合密码，那或许正是一种相互成全，相互实现，安华终于可以在健康有序的技术专业阳光雨露中茁壮成长，刘志强也可在农险的耕耘中收获他一生最可贵的生命价值。看似严谨规整的工科思维，掩不住刘志强的性情和浪漫，喜好古典吉他，痴迷创作旧体词的刘志强原本有着工业发明的梦想，但我想，命运并没有使他作别自己的心愿，谁又能说引领安华成长，让安华萌发绚烂变幻不也是他用一生心愿和情怀去成就的神奇发明？

孙峰

2003年5月入党。2007年7月毕业于南通大学地理科学学院，同月入选江苏首批大学生村官。2007年7月～2010年11月先后任江苏省沭阳县东小店乡张王庄村党支部副书记、村委会主任、乡科技干事，2010年1月被推选为沭阳县第十届政协委员，2010年12月进入中国人寿。目前任中国人寿昆山支公司区域收展部经理。

蔡玮

2006年入党。2008年6月毕业于苏州大学劳动与社会保障专业。2008年6月～2010年12月任江苏省连云港市东海县驼峰乡南榴村党总支副书记。2010年12月任中国人寿苏州市相城支公司总经理协理，现调入苏州分公司。

蒋芳媛

2006年5月入党。2007年毕业于南京师范大学社会工作专业。2007年7月作为江苏省首批省聘大学生村官，任淮安市淮阴区五里镇双农村党总支副书记。2010年12月进入中国人寿，目前任中国人寿淮安市淮阴支公司王兴职场经理。

刘汉彭

2006年入党。2007年毕业于南京审计学院经济学专业。2007年7月任徐州贾汪区瓦房村支部副书记，2010年12月进入中国人寿。现任中国人寿贾汪支公司个险经理协理，塔山职场经理。

嵌刻在田间的那些脚印

2012年9月14日，江苏省委组织部与中国人寿江苏省分公司联合召开了2012年大学生村官综合保险承保仪式暨中国人寿大学生村官人才招聘会。而在3年之前，当江苏首批大学生村官面临期满流动问题时，社会上还鲜有企业针对大学生村官这个群体实施定向招聘。中国人寿江苏省分公司率先向省委组织部提出合作意向，后经双方商定，在全省企业界首创定向招录、专项培养大学生村官的育才计划，向期满大学生村官敞开了二次择业的大门，该做法随即在全国范围内推广开来。此后，多家央企相继盛邀大学生村官加盟，拓宽了这一群体的流动路径。江苏省委组织部部务委员郜虎林明确表示，"我们希望中国人寿江苏省分公司将大学生村官招聘工作做成对接政府的精品工程，坚持择优选聘与跟踪培养相结合，为大学生村官干事创业营造良好的环境，为又好又快推进江苏'两个率先'作出更大的贡献。"

2011年9月，中国人寿再度率先而为，针对大学生村官队伍中罹患重大疾病、新农合报销额度有限的案例，与江苏省委组织部联合启动了大学生村官综合保险保障计划，为全省在岗大学生村官每人提供累计保额为100万元的综合保险，从制度层面解决这一群体的后顾之忧。2011年12月7日，在总结江苏经验的基础上，中组部办公厅与中国人寿集团公司党委联合下发《关于为大学生村官

孙峰任村官时在从事育苗工作

办理重大疾病和人身意外伤害综合保险的通知》，在全国范围正式推广这一保险救助计划。截至2012年8月31日，中国人寿已经承保大学生村官164023人，约占现有村官总数的66.8%；已有江苏、浙江、江西、河南、四川和云南省等6家分公司共接到赔案44件，预计赔款支出400万元。

"做好村官，先做好村民"

在江苏省淮安市淮阴区五里镇双农村灿然斜阳下，村民们时常在炊烟袅袅、夕阳铺撒乡间之时看到一缕灵秀的身影飘忽穿梭于村中，这犹如一缕清新而又神秘的轻风荡漾在村舍之间，人们对她充满着熟悉与陌生，对她满怀新奇和期许，也对她暗藏着怀疑和戒备。蒋芳媛在大学生村官的最初岁月里，下班后时常骑着单车游历在乡间的各角各隅，对这个全新而陌生的人生落脚之地，兴奋间夹杂着像雾一般的迷茫。也许她那时最渴盼的就是在自己对村间风物人情不辞烦劳的识见中，能让更多乡人感受到一丝可亲的柔暖，仿若和风细雨，润物无声。对于自己这段人生旅程中特殊而又充满意味的落脚地，蒋芳媛有太多想要去懂、有太多的必须去懂。

"我那个时候就想对我所在的村子了解得更多，了解得更细。所以我每天工作完都会骑着车在村间各处走走看看，我觉得要做好一个村官，最先要做个好村民。"家住江苏淮安市区的蒋芳媛对农村生活的认识最初一片空白，"我都不知道我所在的城市究竟有多少个村。"然而，在2007年6月大学毕业被选派到双农村做村干部后，她在瞬息之间成了这里的高光聚焦人物。无论在上班的公交车上，还是经过村镇小店铺的门前，或者走过街角复印点时，蒋芳媛都会频频和乡亲们挥手相互招呼。她在双农村，在短时间内由一个陌生的外来者成了一个知名度高的焦点人物，从一个盛满了重重疑惑的问号被拉成了一个聚焦无数目光的叹号。

"当地村干部对我的到来还是比较友善和欢迎的，也很支持配合我的工作，因为我在他们看来很像'空降部队'。"蒋芳媛很清醒也很明白，这样的友善和欢迎，除去基本的礼貌，更多是源于自己被省委组织部派遣的背景光环和大学毕业生这样的"腰牌"所赐。"我来到这里最要紧的，就是消除自己与村民们的不一样，我要融入村民之间，融入这个乡村。"蒋芳媛思索到自己的当务之急，握紧了使自己渐入民心的这根纽带。

与蒋芳媛不太一样的是，当孙峰来到江苏宿迁市沭阳县农村时，他饱含热情，师范专业出身的他自小生活在地道的苏北农村，对农村的点滴细微都了然于胸。在大学里，孙峰作为学生会主要干部参与了新农村建设的专题调研，对现实中农村的人与事都有着更为真切的洞悉和把握，"本身我学的专业也和农村密切相关，来到农村我既熟悉又满是兴趣。"老师这职业在孙峰看来过于枯燥，因年轻而丰沛的荷尔蒙使他渴盼着走出校门后有着不寻常的人生境遇，能遭逢充盈着诱惑的挑战。"我对农村的土地充满感情！"农村情结令孙峰对自

蒋芳媛们的创业蔬菜园

己全新的征程满怀热忱和自豪。成为村干部的那一刻，身为基层干部的孙峰感受到一种走进理想的欣然，"政府工作在我看来一直很神秘，我自小就很希望自己有一天能进入政府里成为国家干部，大学生担任村官这本身就很有政治意义，我对自己能有这样的机会感到非常光荣，也深受鞭策。"自小留驻在内心的政治抱负，使孙峰对自己的村官职涯心怀神往。

与蒋芳媛一样，孙峰对自己在村镇里的工作方向和方法一片茫然。"最初我对如何在农村开展工作一无所知，自己的许多理念和理想无从施展。"在村民们给予的好奇眼神下，孙峰只能潜心学习和观察。"我最初的工作就是在村干部的帮助下努力细致地'跟、学、看'。"恰逢江苏省科技厅对包括沭阳在内的贫困县进行3年定点扶贫计划，利用这样的机会，孙峰得以接受组织部的培训，与调研干部一起作入户调查，时常去乡政府走访，通过阅读和写农村工作的材料，更细致全面了解自己所在村的各种状况，通过各种会议认识到村子存在的问题和发展的机遇。直接去村民家家访也使孙峰更多更及时地了解到农民的想法和需求，紧密贴近了与农民的心理距离。

自主创业赢取民心，想村民所想，不做"外来者"

刘汉彭在2007年于南京审计学院经济学专业毕业后，经过江苏省委组织部的首批大学生村官选聘，成为江苏省徐州市贾汪区耿集办事处瓦房村副书记。对于出任这个基层干部，他有着强烈的心愿。"我一直希望自己能在学有所成后回归故里，为这里的乡亲为我成长的地方做些有意义的事。"刘汉彭把理想放置到更有针对性的规划里，他从上任之初就对自己几年的工作有着明确的思路。

刘汉彭冀望可以用自己的新型开发经济思维帮助羸弱的乡村摆脱贫困，带动百姓致富。"我想，作为一名村官，不奢求能做出多么大的惊天动地的政绩，但求能够帮助村民创业致富，为身边农民的脱贫致富做些具体实在的事情。这才是我们深入农村的实际意义。" 刘汉彭义无反顾带头创业，先后成立肉牛养殖场、承包草莓大棚，为农民创收带来了显著成效。

刘汉彭的创业计划在他任村官的第二年有了更全面扎实的实践。因为经验和专业知识的局限，他的创业几经跌宕，"比如我在肉牛养殖中收获了许多创业的启示，它指导和帮助了我在农村的工作与生活。"刘汉彭曾经和村干部、村民一起创办肉牛养殖场，"我当时希望我们在农村兴办企业可以引发村民们的关注，对人们的积极自主创业起到带动和示范效应。"因为对于市场判断出现偏差和经验缺失，创业出现了很大的亏损，坚持将承受风险，而放弃将会有更大的损失。在市场、心理、人情、勇气与自尊的重重考验下，刘汉彭选择了坚持。风雨后的彩虹仿佛更为灿烂，在接下来的养殖阶段，刘汉彭得到专业技术指点与支持，把握了市场方向。在他的引领下，他们新阶段的肉牛养殖获得了盈利，养殖的经验与技术在这样的坚持中趋向成熟，他的创业成功更博得了

蔡玮陪访客户

村民们的赞许与信任。

众多村民对刘汉彭的养殖技术产生兴趣，纷纷前来参观肉牛养殖场，成功的创业果实激发了很多村民返乡创业。在后续大棚草莓的创业中，参与的村民更多，刘汉彭吸取了曾经的经验教训，带领村民们获得更大的丰收。而最为重要的是，更多曾经远离村镇的农民，热情回乡，参与到自主创业的洪流里。刘汉彭用自己的苦心实践带动了农村经济提升，使农民依靠他们自己逐渐走出贫困。

对于蔡玮而言，就任村官就如同对曾经的家乡生活的一次回归。蔡玮从苏州大学劳动与社会保障专业毕业，原是系里的团总支书记，他自小在农村成长，对于村镇的环境自然是了然于胸。谈及自己的村官生活，他觉得既平淡又精彩，这其中的转折点正是在工作中向村民们证明自己有能力帮助村镇发展，带领农民致富。

"前期我在农村的实质性工作很少，大都是些公务性常规性的日常工作，没什么特别。"也正是在招商办公室工作的经历，使蔡玮从为村企业老板办手续的寻常工作中获得启示，"我想到了成立农村合作社，种植温室大棚。"蔡玮带头投入资金，选择了鲜切花种植温室大棚，带领有意愿的村民运作。"前期一些村民因为怕亏损，对我领头的项目还很抵触，但我最终还是得到了村干部和大部分村民的支持，我想是因为我为他们带来了新的思想。"

种植鲜切花大棚是一项极为专业的技术，要在花将开未开之时将花卖掉，以保持花的最佳新鲜度和较长的开放期。当地的市场价是每10枝40元，蔡玮希望为村民们赢得更多的利润，他跑上海、山东、昆明，细致多方位地对比各种花的花期，以赢得更多收购商的关注。正因为蔡玮精心和劳苦的付出，他们的鲜切花以每10枝高于市场5～10元的价格被多地收购商抢购，这也带动了当地收购商的积极收购，蔡玮为乡亲们博得了更大的经济效益。他也由此赢得了村民实质性的尊重和信任。

孙峰得以在村子里真正赢得人心与蔡玮颇有几分相似。"我在村子里开始成功种植大棚蔬菜，为村民们赢得收益，这对我能够有效顺畅在农村开展工作起到重要作用。"正是从那时起，孙峰发现村民越来越多地愿意主动和他说话了，"我感到他们从心里开始把我当作村干部了，把我当作有用的村干部了。"令孙峰备感欣慰的是，他用自己的才识、勤奋与智慧让很多村民改变了对他这个年轻大学生村官的成见，用他自己的话说，"我真正把村官做起来了。"

相比较蔡玮和孙峰用切实的丰收成果来赢取民心，蒋芳媛能让人们亲近自己，则是因为女性投射给村民们特有的温情和细腻。"我曾经在一次随机的走访中，看见一个抱婴儿的残疾妇女在晒太阳，我非常关心他们的生活现状，就主动与她拉起家常。"在看似琐碎的闲聊中，蒋芳媛洞悉到残疾妇女一家生活的困顿，"作为残疾人家庭，他们缺乏诸多的应有保障。"蒋芳媛内心触动很大，她迫切希望能为对方作些实际帮扶。蒋芳媛领这个妇女去医院作伤残鉴定，反复奔波于各有关部门，与村干部积极协商，终于为她争取到生活补贴。也正是因为蒋芳媛这样的细致与用心，使村民不再把她当作"外来者"。

2008年3月，江苏省科技厅实施的扶贫项目将有可能落实到蒋芳媛所在的淮阴区的4个村之中。为了能争取到扶贫项目，自主创业，蒋芳媛和其他村干部一起写项目书上报，并申请10万元的创业经费。蒋芳媛很清楚这不单单关系到扶贫的资金，如果申报成功，将使村子合并，她就有可能实现在村子里分别盖20个日光能蔬菜大棚，真正带领乡亲们创业。在自己的计划书中，蒋芳媛费尽心思，也做足功夫，更投入了自己赤诚的真情和高远理想。蒋芳媛结合村子的实际状况，并借鉴了邻近村镇黄瓜大棚的成功经验，同时举一反三，对草莓的农作物大棚作了细致科学和长远目标的规划。蒋芳媛的计划书字里行间里的真诚与专业受到了科技局、农业局领导的关注与赞赏，蒋芳媛如愿以偿争取到了难得的扶贫项目。她自己挑头承包日光能大棚，成为淮阴区第一个大学生村官创业蔬菜园，并吸引了7名同为大学生村官的村干部追随共同创业。"我特别选取了人品好、经济条件不好的低保户与我们共同创业，想在全村做一个很好的带动示范，也帮助最需要帮助的村民脱贫致富。"通过这件关乎村子发展、农民生活的大事，蒋芳媛完全赢得了村委会和其他村干部的信任和欣赏。"我在工作上再有什么事需要支持与合作，他们都特别愿意，因为他们都对我心里有底了。"

由农村迈进保险企业 小心愿绽放出大愿景

刘汉彭进入保险企业绝不是偶然，自从任村官起他就一心关注弱势群体的保障问题。"我在农村工作时看到了很多因为大病或者是意外伤害致贫的实例，我一直对农村合作医疗尤为关注，农民的保障问题关系到社会公平和社会稳定，发生危难时有保障，农民才对政府更有信心。"

刘汉彭学习应用科学育肥技术

刘汉彭认为，自己之所以能够有很大意愿进入中国人寿，正是因为他看重中国人寿屡次发起或投入的爱心公益活动。"我想这是一个爱心企业，我愿意投身在保险这个爱心事业之中。"

蒋芳媛坦言，最初她不太了解保险，而正是自己父亲重病之后她对保险才有了深透的认知。"如果那时我有保险意识，父亲也许就不会离开我了。"这让蒋芳媛痛彻心腑之后懂得人们为自己规划保险保障的重要，也使得她怀着深厚而特别的情愫进入了保险企业。从村官到企业经营，这在蒋芳媛的想象中曾经是个不可思议的"转身"。"以前做村官时就想让村民富裕起来，自主开发的各创收项目使村子不再贫穷。从前的工作很多是上传下达，总有人帮助你协调，配合你完成，总难免有些依赖感。而现在身处企业，要求我必须独当一面，必须在期限内完成我的目标，而且接触的人更为复杂，更为现实。"这样的"转身"被蒋芳媛看作是小心愿的扩大和延伸，是小心愿到大愿景的蜕变。

与其他大学生村干部迥异的是，蔡玮和保险的缘分仿佛由来已久。蔡玮是苏州大学劳动社会保障专业科班出身，他的专业与保险的交集使他对保险从来就不陌生。早在2003年，蔡纬就接触到保险，"那时我和我的家人就已经买了不少保险产品，我常常把保单翻出来，对风险与保障问题作漫无边际的琢磨。"

在农村推动推广保险并不能轻易实现，这是蔡纬从实践中得到的感受。"最主要还是农民对保险的意识不够，我们需要做大量的细致思想工作，结合众多包括眼前的保险实例，才能慢慢实现农民对保险的认知。"蒋芳媛对蔡纬的体会感同身受，"保险深入农村，最关键的还是在于农民的意识，农民主动要求购买保险是非常困难的，他们更多是在出险之后才懂得保险对于他们的生活生产的重要性。"

尽管农民对保险最初并不了解，但孙峰相信，只要工作做到位，大部分农民对保险还是认同支持的。他曾经在村子里主持推动了水稻、小麦、玉米的农作物保险，因为方法得当又有政府补贴，博得了农民广泛的信任。"农村保险的需求量其实非常大，比如像一些伤残者、五保户，都得不到应有的保障。"社会保障不健全，商业保险欠缺，这些都使得孙峰深切感受到农民对保险保障既需要又缺失。

几年里在乡村基层锻炼，孙峰从没有放弃回归城市创业的心愿，最终保险企业能够吸引他，让他在众多选择中投身保险，其原因如他所言："保险具有时代的前沿性和专业性，而中国人寿又是国内领先的保险企业，这将帮助我拥有自身成长更大的空间。"

自我锻造与成长的栖息园地

身为今天的保险新人，旧时几年的村官生涯让孙峰受益匪浅。"过去做村官时工作琐碎细致，让我今天在处理各种矛盾时都更有耐受力，更懂得方法，更善于处理人际关系。而作为基层的干部也使我对现在工作中政策上的感知更敏感更透彻，对自己从事的具体工作有更深的理解，能够把自己与公司发展结合起来思考诸多问题。"几年农村工作的运筹帷幄令孙峰感受到自己的"高与低"，"我觉得自己做事不再像上学时眼高手低，在思考问题时可以考虑得更高更远，而在做事时我会更低调更扎实，更有耐心更细致。"

相比较过去的村干部体验，蔡玮感到作为基层保险企业管理者担当着更大更多的责任。"现在我完全没有自己的时间，每天从早6时一直持续到23时都在电脑前处理工作，在保险企业我考虑的也远远比从前要细要多。每一天都要为第二天作准备，工作节奏紧凑，很难有周六周日属于自己。"

尽管仍然属于保险新人，但蔡玮已经在新职场中取得很大发展，他在调任中国人寿苏州市分公司前，已经是相城中心支公司的总经理协理了。相对应孙峰所说的村干部经验对今天事业的"受益匪浅"，蔡玮体会最深的还是"触类旁通"——"曾经的村干部工作经验使我对今天的基层企业管理工作很有感觉，也很熟悉，比如原先是处理村民与村民之间的关系，而现在就是协调员工与员工之间的关系。"正因为有着基层村干部履历中积累的经验和实践中的心得，蔡玮才有了今天工作上的自如和从容。

从村干部到基层保险企业管理者到底有多远？在刘汉彭的感觉里很近又很远。"刚开始到公司的时候，的确感到很不适应很不习惯。在省公司培训，又在各职场锻炼，积累经验之后，我对自己在这儿的未来很有信心，也对公司的文化更有认同感。"原先在任村干部时，事务繁杂，什么都需要亲力亲为，而进入保险企业，他主要帮助伙伴进行区域拓展，"农民保险意识不强，即使是浅层次的宣传普及，也需要大量的实地工作。现在的工作强度比之前大了很多。"

刘汉彭投身中国人寿已经2年，他自己带团队也有1年左右的光景，他坦言，最初自己团队里有些已入司5～10年的老员工，对他这个年轻外行的保险新人并不服气和认同，也心存疑虑。但因为职场就在农村，刘汉彭对农村非常熟悉，与人们之间的沟通非常容易，同时他不辞劳苦用心地做家访，向伙伴请教各类保险问题，最后用自己的勤勉、谦逊、亲和与真诚收获了人们的认同和支持。

由于有在农村工作扎实的积累和了然于胸的经验，刘汉彭无论在各村进行区域拓展作人力发展还是招聘留守妇女，为农民解决就业问题，都有着高效率、好成效。同时他大力推行送保险下乡，保障了农民利益，帮助他们提高收入。"因为我对当地农村非常熟悉，对村民需求更为了解，更容易获取各个村委对我拓展保险工作的支持。"村干部的工作经历使得刘汉彭在今天推动保险时更高效、更顺利。然而，对于自己曾经耕耘过的土地上的乡亲，他依旧满怀关切。在农村，刘汉彭带领团队借助政府与企业的合作深化大病保险，保障农民生产生活。增员合适的农村妇女进入自己的营销团队，对当地就业问题的解决起到了积极意义，也使保险展业在农村更深入，保险更容易进入村民家中，在为更多村民获取保障的同时也提升了村民的收入。这也是刘汉彭今天对过去的一种回馈，而正因为他身在中国人寿，才使得这种爱心的回馈可以真切实现。

与刘汉彭一样，蔡玮也希望可以借助村官工作经历的优势，使自己能够为曾对之付出过的乡村再作奉献。"因为与当地政府曾经长期合作有着比较好的关系，我现在在推动业务发展和队伍推广中都能得到当地政府的积极帮助和关心。同时我们公司也和当地政府一起积极扶助乡村失业人员再就业，这促进了社会的和谐与稳定。"在蔡玮的倡议和带动下，他们公司的营销员开始以每月100元资助蔡玮原任村干部的村中的贫困孩子。作为曾经的"父母官"，蔡玮一个人就资助了3个贫困孩子。中国人寿相城中心支公司的领导被蔡玮和他的伙伴们所感动，以公司的名义和实际行动来支持蔡玮所发起的捐助公益行为。"我为依旧能帮助到我的乡亲而幸福，是中国人寿使我实现了心愿。我感谢我的公司。"

无论是刘汉彭还是蔡玮，尽管他们都已经离开了原来村干部的岗位，但他们依旧牵念着与自己相伴相依的乡村大地，那也是他们真正向这个世界跋涉前自我锻造与成长的栖息园地。

影响人一辈子的光阴

作为被社会关注的焦点人物，孙峰认为被关注也是自己工作的一部分，"被社会关注让我有荣誉感，即使说'压力'，我认为也是正向的。"孙峰更愿意把所谓的压力作为自己在新岗位上的动力，"这让我可以更好地梳理与总结从前的工作心得，对我今天的工作与生活大有帮助。"

蔡玮坦言自己能感受到压力，但这样的压力他认为是正常的，"这表明我们这个群体被社会所重视。"蔡玮在公司的育成导师、中国人寿苏州市相城支公司总经理陆生林对以蔡玮为代表的大学生村官进入保险企业后的诸多表现有深切的感触。"这些大学生村官在公司里的进取心和一般员工完全不一样，他们展现出沟通和学习能力强、对工作敬业投入的特点。"也正因为蔡玮这个群体在新岗位上所发挥的多种优势，使他们对于保险市场一线的掌握更具体翔实，对员工队伍建设有更明确和务实的规划发展，"他们在工作中主动作为的主人翁意识使我们的企业非常需要他们。"陆生林的观点和体会代表了保险企业人士对大学生村官的普遍感受。

中国人寿江苏省分公司人力资源部总经理王者元介绍，在不到两年的时间里，中国人寿江苏省分公司共签约199名大学生村官。"中国人寿在县、乡镇、社区都有服务网点，大学生村官主要在乡镇村或社区工作，他们工作的地点与服务的人群，跟我们非常地匹配，我们寻找这样一批青年，扎根基层服务于群众，服务于老百姓，能够跟老百姓走得比较贴近。"2010年底，江苏于2007年、2008年招的第一批大学生村官，签约三年正好满期，面临再次择业，按照中组部的规定，大学生村官未来的出路实际上有多条途径，其中有一条途径是可以到企业去就职。"我们正好得到了这样一个信息，在总部的指导之下，主动与当地的组织部门进行沟通，希望引进大学生村官，加强基层人才队伍建设，这项工作得到了省委组织部和地方各级组织部门的大力支持。"

江苏省委组织部副部长庄同保认为，从大学生群体看，他们知识比较新，但是缺乏的是基层的历练，"大学生村官经过基层的锻炼以后，熟悉基层，了解群众，做实际工作的能力，处理复杂的有关问题，以及做基层工作的经验，应该说有了明显的提升，所以他们也输入了各行各业，他们的工作能力、工作作风都有了一个很好的历练，能够更好地适应工作的需要。"

中国人寿集团董事长杨明生对公司招聘大学生村官的工作非常重视。"中国人寿有个特点，大型的网点遍布城乡，我们的县域业务占的比重还是比较高的，未来的发展中，市场的竞争关键在于是否拥有一支高素质的营销队伍。"他表示，中国人寿把大学生村官作为关注的重点对象，一是他们在农村工作，会做群众工作，有基层的工作经验。二是他们大部分在县域居住，等到期满之后，企业向大学生村官敞开大门，就是一个双赢的结果。 既给他们提供了一个很好的职业发展平台，同时可以提高我们营销队伍的素质。他介绍，目前中国人寿已经招收了872名大学生村官，并准备在"十二五"期间招3000名。"主要放在县域工作，充实我们的基层营销经理队伍。这些人不是一般的营销员，因为他们有良好的教育，再加上基层的经验，经过若干年的培养，将来可以成为职业经理。这也是我们对县域领域开拓市场、提高经营水平的一个重要的战略举措。"

"做村官的日子使我经历了别人一辈子没经历的生活，村官不会做一辈子，但村官的经历将影响一个人一辈子。"孙峰的这句肺腑感言，恰似对大学生村官这个社会焦点群体最精彩和最贴切的评点。

朱驿冰（英）

德勤企业风险管理合伙人，负责金融行业的内部控制和
内部审计服务。她曾在伦敦工作近10年，在投资银行和
商业银行的内部审计、财务规划及法务会计方面拥有丰
富的咨询服务经验。

返回中国后，朱驿冰女士曾于另一家四大会计师事务所
领导金融业风险管理服务团队。她拥有伦敦政治经济学
院(LSE)的国际会计和金融硕士学位。

现已转投花旗银行。

风险的对手

把脉保险企业健康

作为德勤企业风险管理部门，其具体的工作内容对于众多人而言都并不明晰。朱驿冰介绍他们的主要工作内容包括：全面风险智能服务、资本市场服务、合规性准备及协助服务、业务持续性规划、信息治理服务、安全电子商务、内部审计、合同风险与履约服务、计算机审计、会计与控制服务、IT尽职调查等，"可以说我们的工作几乎都与保险企业有着紧密联系。就我领导的团队而言，我的主要服务对象是金融行业监管主体和商业机构。"

旁观者清，更何况作为一名长期为保险公司把脉预防各种运营疾患的风险管控者，朱驿冰似乎比保险业内的人更懂得一个健康的保险企业对于经济社会的功用和意义。"保险公司对社会的价值在于可以帮助工商企业、团体和个人分担风险，从而帮助他们抵御未来难以预测的财务压力。因此保险公司是否保持其稳健经营和财务实力，对于有保险利益的企业来说是非常重要的。"

"我们要保证协调好企业的头脚不一，防范他们在发展中失衡。"朱驿冰说这是他们服务于企业的目标。"作为主要服务于保险公司的风险管理咨询人员，我们可以帮助保险公司更好地稳定其运营状况（例如减少内部出现舞弊的可能，提升内部管理的效率，开发出更为合理的产品，避免涉足过高风险的投资领域等等），从而帮助这些企业保持其经营的稳定性，也可以更好地为社会服务。"

除了帮助保险公司实现其社会价值外，朱驿冰认为他们对于保险公司的服务以及帮助还远不止此。她概括自己的工作对于保险企业的价值还有：可以提升保险企业的经营水平和品牌竞争力；改进它们的技术（例如精算、核保、再保险、IT等），帮助提升日常工作的效率效果；降低违反监管规定的可能；避免内部控制和管理不严导致的经济、名誉损失等。

更了解风险 更接近获胜

在旅居海外的生活与工作中，朱驿冰与国外金融保险企业有较深的接触，中外保险企业的文化与气质差别使她对中国市场的保险企业的运营与发展也有着自己的思索。"我个人感觉中国企业比较在乎表面的业绩，非常看重企业的扩张。但我觉得扩张的同时往往会有其他的代价，成长并不等于就是扩张。"对于中国保险企业，她提出自己中肯的建议，她认为业绩为先的基础必须建立在企业对风险的认知和把控之上。"比对手更知道风险在哪儿，才往往是企业在竞争中领先以致获胜的关键。"

作为风险管控的专业部门，工作中与金融行业合作与沟通密切深入，与金融部门的监管机构和商业机构合作成为他们工作的重要内容。"我们和财政部等政府部门、一行三会等监管机构都有着比较长期、深入的合作。作为专业咨询机构，我们常被邀请参与相关法规、制度的制定工作。例如在财政部等五部委制定《企业内部控制基本规范》的过程中，我本人曾作为特邀专家参与了多次讨论，根据我在国外多年的内部控制相关工作经验提出意见和建议。"

朱驿冰认为，作为金融行业风险管理的专业咨询人员，他们与商业机构的合作更好地提出风险管控专业技术对于企业的价值，他们会帮助银行、保

险、证券等机构，从宏观的战略制定到具体的风险策略调整等方面，不断调整和改善，帮助他们在经营中取得收益和风险的有效平衡。"我们要做的简而言之，就是既不'犯傻'（错失发展机遇），也不'犯规'（违反法律法规和行业准则，或承担过大的风险）。"以保险行业为例，朱驿冰作为项目负责人，曾经帮助中国几家大型保险集团开展风险偏好体系建设项目、内部控制等咨询项目。

随着在中国工作时间增长，与中国保险企业交流接触加强，朱驿冰也愈发感觉到目前保险企业在中国社会生活中扮演的角色越来越重要。她觉得对于保险企业的认识应该是一个动态的过程。随着认识的加深，她对于中国保险企业的总体感受也愈发立体。"首先，企业实力不断增强。"以人保、国寿、平安、太保等为代表的大型综合性保险集团的财务实力在近年来的增速在世界范围内都是令人瞩目的。"其次，管理意识不断完善。无论是从管理理念、管理手段还是具体的管理工具，中国保险企业在近年来都有了长足的进步。"例如，很多公司都积极寻求国际咨询机构的支持，帮助他们梳理和改善经营管理的方式方法。"第三，技术水平不断提高。随着这些年的经验积累和对于国外技术的吸收、归纳，中国的保险企业从技术方面已经大幅赶上，甚至在某些领域已经达到了国际先进水平。"例如朱驿冰和她的团队近期与中国保险企业开展的风险偏好管理体系建设，这一工作从理念和技术上都代表着国际保险经营的最新潮流。"第四，积极参与国际交流合作。中国保险企业随着自身实力的增强，不断加快业务国际化的步伐。虽然目前真正意义上在境外开展业务的保险公司无论是在数量还是在业务规模上都还比较有限，但走出这第一步已经难能可贵。"同时，很多有实力的企业也在积极参与国际合作，在引入国外先进技术和理念的同时，也着眼于开拓海外市场。

但作为与国际金融保险企业常有合作的专业风险管控专家，朱驿冰也坦诚表示，中国目前保险行业整体还处于世界相对落后的状态。她也依照自己的认知，坦率谈了自己对中国保险企业的改进和完善的观点：她认为最要紧的是进一步完善企业经营管理，尤其是风险管理的机制。"保险企业作为经营风险的特殊商业实体，相比一般的企业，更需要精细化的管理自身的业务，尤其是业务中存在的风险，唯其如此，才能在真正意义上实现稳定经营。中国保险企业需要再进一步加大投入，不是简单地头疼医头脚疼医脚，而要从根本上在经营中自上而下地贯穿这一理念。"

加强人力资源管理，也是朱驿冰觉得中国保险企业亟需去做的。"保险企业竞争力的核心是人，是掌握先进技术和理念的高素质人才。"她确信，完善专业人才的梯队建设，提升现有技术团队的国际化、专业化水平，是保证企业可持续发展的关键。

广阔视野中建筑精致心情

多年在欧洲的旅居与工作使朱驿冰有着足够的视野和心智来审视和思考自己的事业与生活，她收获了最可贵的对事物对生活的的独立见解和独立判断。"我的好奇心使我选择了更多的经历，无论是城市还是工作。"她说，这些选择使自己的成长更为丰富立体，而令人羡慕的是她的所有选择并不是在矛盾之中的被迫抉择。"至今我的事业和生活并没有产生大的矛盾，我总还能自主地作出选择。"

　　各种社会生活的交织错杂使朱驿冰亲临其间的大同与不同，"经历的文化越多，越懂得人性的趋同，而一些社会文化也更能感受到差别。比如在西方国家，的确比中国更强调和在乎对生活的偏重和平衡。"文学、音乐、美术对于朱驿冰犹如阳光和雨露，"艺术时刻在我的生活里，它们不至于使我的心灵与思想像荒漠。"尽管在旁人看来，在她的专业与艺术之间看似多么地格格不入，不可交融，"我们应接受自己的工作并从中寻找与发现乐趣，工作不应该成为我们生活中的禁区。工作与生活应该是相互的拓展而不是矛盾。"因为过往的生活环境使得朱驿冰怀有精致的生活情调与品位，只是随着工作的奔忙，这样一种精致似乎也正在离她越来越远。"我对于生活不会无止境地追求，精致的生活品位我一直很欣赏但不会奢求，我希望尽可能地去把握自己向往的精致生活与品位。我觉得一份精致的心情在今天的生活环境里是最重要的。"

朱驿冰自我评价，她不是一个喜好计划的人，"事业的规划上，我比较随性，不会给自己定具体目标。"对于她而言，最大的知足就是因为自己的力量可以改变更多企业的经营意识，改变更多人风险防范的观念 。

不长的职业生涯里，这已经是朱驿冰的第六份工作了，这正契合了她在事业探求上的随性，也映衬了她的专业领域被更广泛地认可与赞赏，更应验了她一直以来所力图追寻的突破和改变。"在一个健康流动的市场，对于工作的转换，我们最应该考虑的是，我们能为这个市场带来什么，有怎样的贡献。我从来不会为了离开而离开，我转换工作的经历也从来不是为了生活。"也屡次作为面试官的她相信对于一个有能力又拥有事业求索的人，工作转换的经历不会是发展的障碍。

"当因为生活而改变工作，工作因为生活而作出妥协的时候，那将是严肃而郑重的。"朱驿冰如此认为。但对一个心灵丰富，胆识脱俗，才干非凡的人而言，这恐怕不会出现。

一语中的：

比对手更知道风险在哪儿，才往往是企业在竞争中领先以致获胜的关键。

——朱驿冰

采访后记：

如果我是在某家灵秀雅致的画坊，或是音色相合的琴室，甚至哪怕是某个沁香馥郁的花廊与朱骈冰相识，我都觉得格外恰如其分；而我们恰恰是相遇于严谨冷涩紧促的氛围之中，它属于我一直特别不情愿不敢亲近的数字电子化的现代企业工作间，沉闷而涩滞，压迫感直钻心底。而朱骈冰身临其间使我感到了极大的特别，这样一种使我备感抵牾的感触来自我对她外观和内心的认知和体会，那些与她事业紧密相关的艰深晦涩的高精尖内容更加深了我对她的好奇。我很难想象一个温婉娇柔的女子可以投身在一个更多人不知晓的高深领域并游刃有余醉心其中。

朱骈冰所提到的好奇和改变是我们交流后最使我感到值得玩味和思索的。无论是生活还是事业，也正是探寻的好奇和向往改变指引她历经人生种种风景走向今天的生活，我想这样一种人生的旅行可能并不都是值得欢欣的景致。但对于朱骈冰来说她应该是无悔和欣慰的，她和我们大多数人不同恰恰在于她更多地听从了自己的心音。她坦言自己是个不善计划的人，然而对于一个随时可能在好奇中改变并寻求突破的人而言，计划也许反而成为前行中的束缚和牵绊。我想对于朱骈冰理想的实现其实也许不在于她身在何处，身居何职，又从事怎样的项目，她看重的恰是自己是否影响到那些企业的观点，影响到一些人的思维和行为，她是否对她的客户，对行业产生过影响，这样一种"影响"里绽放着她的价值。

朱骈冰承认，今天她能够更深广地思考和观察问题，得益于她曾经常常游历海外的时光。我一直笃信一个人游历和行走的过往尤为重要，在漫漫岁月之中，它隐形而强力地影响着人的思想、胸怀乃至心智。可以说正是海外的旅居和游历，成就朱驿冰赢得了很多东西。

令我感觉特别美好和柔暖的是，在枯燥艰涩的专业之外，朱驿冰对文学和艺术有着格外的钟情，她常常给我发来信息畅谈对某个作家作品的赏析，对某部电影的心得，对某个事件的独立评判，其间不乏充盈着文学性的论述和哲学性的思辨，这样一种与她的专业有着云泥之别的思维，常常使我深感奇妙而动容。我认定，一个人无论身处何地何时，无论人生境地如何，心灵深处有一潭深幽清泉属于文学，人亦必定拥有着高贵的灵魂，他也一定深爱着这个世界。

参照朱驿冰的年纪和她的才识，我几乎可以肯定，目前的工作绝非是她最后不变的工作。对于一个时时满怀好奇，处处寻求突破的梦想者，未来存在着无数的可能性，谁也不能预料她将在手中变幻出怎样烂漫的花朵。

而我愿意对她永怀期待。

姜萍

1982年9月生于北京，工学硕士

现任中国再保险（集团）股份有限公司核保险共同体执行
机构核能技术检验经理助理

2001年9月～2005年7月清华大学自动化系自动化专业

2005年9月～2007年7月清华大学核能与新能源技术研究院
核能科学与工程专业

2007年8月至今 中再集团核共体执行机构

2010年底成为国际核共体体系正式检验工程师

2011年成为国际核共体总目标委员会工程师分委会委员

"自由王国"里皆风景

我理解这个世界上终有某些工作是远离大众，不被人们所知悉和了解的，比如核能工程。

我相信这个世界上某些人天生适合从事某项工作，比如姜萍专注钟情于核能工程。

无限未知的探求　无限延伸的痴迷

"核能工程在全世界都属于极少数人的事业，但我喜爱它，因为它的开阔深远的未知领域，因为它的无限创造性。"的确，当人舒心沉醉在自己的"自由王国"里时，锲而不舍与矢志不渝都变得简单与纯粹许多，如姜萍投身在核能工程之内。

相逢于姜萍，我好奇她所拿着的一个家用保温杯，"这里面是茶水。"以姜萍的年纪和她的四海考察评估工作的特性，她随性喝一杯外卖的饮料仿佛更符合我的思维定势。"我并不总喝茶，一般在单位喝茶多，在家时其他饮料喝得多，在外考察时也许就是一杯可乐了。"姜萍在不同的环境里从容做着不同的选择。而她的工作恰是一种对环境讲究的事业，无论是地域的迥异还是人的变换。

"我的工作对我最大的收益就是丰富了我的多重实践经验，培养了我自如的人际交往能力。"作为核能工程师，姜萍需要辗转于世界对不同国度的核电站考察、评估，与不同性格、语言、文化背景的人们访谈交流，"听懂对方的表达，同时让对方接受你的观点很重要，当然，如果没有对环境的适应以及与环境的交融，很难取得好的工作效果。"

"核共体、巨灾风险、高保额"，这是我能为姜萍的工作所提炼出的关键词。核电站的风险属于巨灾风险，保额都在十几亿，这绝不是某个保险公司就可以单独完成的，必须由多个保险公司组合在一起成立核共体来共同对核电站承保。同时，核共体之间也常常交换业务。在中国，核共体是由中再、人保、太平洋保险等多家保险公司共同组成的，核共体的执行机构管理公司是中再集团。核共体将定期对核电站考察作出风险评估，分析核电站风险，向电站出具评估报告。国际风险检验组对每个电厂检验周期是每5年检验一次，每次3～5天。

由学校书本学习到社会真切实践，"这是个由点及面的过程，"姜萍说，与学校的书本相比，社会实践才更加广阔。"我接触着不同的人，不同的电站，在生活与工作上收获着我的经验与阅历。"而半工程半研究，既有摸索又有创新的工作特性让姜萍着迷其间。去年11月，姜萍已经由观察员晋升为工程师，同时她也是亚洲4个核共体中唯一参加国际核电站检验工作的亚洲人。

个人需要依托整体

对于专业和尖端的业务阐述，姜萍始终条理清晰，脉络完整，言辞简洁到位。对于我在业务上在懵懂之中的某些贸然推断，她迂回着回答，从不直接否定，总会先表达对我观点的认同，避免我在交谈中尴尬。与我们很多在喜爱或专业的事情上可以滔滔不绝、意犹未尽的人相比，她显得冷静和内敛许多。即使在谈到足以让她感到荣光和自豪的荣誉时，我也感到是一种不动声色的喜悦。姜萍说："我的工作使我懂得了与人和谐交往，培养良好人际关系的重要。"

生活中处在不同角色和地位的人，思考的立场和纬度总是不尽相同的。就像核电站人员与核工程师。"我们与核电站考虑的往往并不一致。核电站考虑的更多是核安全，我们要考虑防灾减损，与保单相一致，对核电站风险的管控。"在处理与核电站的分歧时，"我们会向对方提出我们的建议，如果对方不能接受，我们将选择一个对方可以认同的变通方案。很多时候我们要会听对方的问题，接受对方的观点。但在任何时刻，都有自己必须坚持的原则和底线。"

姜萍承认，她所从事的核工程在中国乃至全世界范围内都只有极少数的人懂得，过于生僻和冷门，"即使是从事了产险多年的老保险人都会对我们的工作内容感到陌生。"她认为这非常合理和正常，他们作为专业人员的事业就是帮助核电站防控风险损失。"这样高端专业的内容的确也不需要大众都一定了解，广为普及。对于民众而言，最重要的还是要知道核电站的安全以及对自身利益的影响。"

日本地震所引发的核危机，使更多的民众难得地接触并好奇于仿佛高不可攀的"核"话题，姜萍认为这个事件并没有最终结束，所以即使是业内专业工程师现在也不能下更多的结论。"现在我们更多的是吸取教训。"她认为，核电站厂址的选取与提高核电站的设防能力都是当务之急。"在地震可能性大的区域对厂址的选取要特别谨慎，同时严重事故管理中要更多考虑核电站的风险防控。"

对于自己个人努力的方向，姜萍有很清晰的规划。"我要争取参加更多的国际检验工作的机会，用自己的能力和形象努力提升中国核共体在国际上的地位和影响。"她更懂得的是人的进取必须要依托大的工作背景，"个人的发展必须要依托总体发展的实现。"正是因为近年来中国的核工业发展迅猛，依托于核共体中的核工业越来越强大，"中国在建的核电站占了全世界的1/3，核工业水平越来越被世界所认可，我也才在国家整体水平的提升中得到更多个人走向世界的机会。"她很明白，只有国家实力提升了，个人事业才有更值得企盼的发展和希望。

只有能力 没有性别

"核工程"这样一个特别而陌生的名词，让我一下想到的是严肃的面孔、冷峻的神色、繁复的演算、精密的解析和延展无限的数字。同时我很难想象作为柔弱妖娆的女性会身在如此阳刚严苛的氛围里，这是一个令人们知之甚少而又敬而远之的称谓。姜萍却并不苟同我对此的所思所感，"我们的工作绝不像人们想象的那样刻板枯燥，它的确有着严谨而缜密的工作特性，但我们的工作对我们的性格并没有多少影响，我们的生活与工作是完全分开的。个性只应该受生活影响而不会是被工作所影响。而且我们共同工作，人们也只有在更衣室和卫生间时才有性别的意识，这个工作在性别前是完全平等的，人们只会在乎你工作的能力而绝不会是性别。"

看话剧和旅游是姜萍和我提到最多次的爱好，这让她的生活生动而有色彩，"人不可能完全与生活相隔离，我的爱好、兴趣使我对生活有着更多更广的精神触动。"

和姜萍交流后，我依旧感到"核工程"的遥远、神秘和艰深，而我却又一次真切感念到对事业饱含热忱与理想的人拥有着至纯至真的幸福！

链接：

中国核共体

1999年5月，中国保险监督管理委员会向当时的中国再保险公司作出批复，同意成立中国核保险共同体。1999年9月2日，中国核保险共同体在北京召开成立大会及第一届理事会和核共体大会。原中国再保险公司、中国人民保险公司、中国太平洋保险公司和中国平安保险公司4家是中国核共体的发起人。

成立中国核共体，首要目的是为了集中中国境内的全部可供的核保险承保能力；与世界核保险承保、分保管理模式接轨；向当时的大亚湾核电站以及中国大陆后续各核电站的运营提供长期、稳定、可靠的核保险保障，向中国境内的核电设施提供风险管理服务、量体裁衣保险服务，摆脱依赖国际市场进而受制于境外市场的束缚，适应并促进中国和平利用核能的发展对保险保障提出的需求，使之更好地发挥境内保险公司既竞争又合作的"竞合平台"作用。

中国核共体的职责是集中境内外核保险力量，在世界范围内实现风险控制和风险分散；在为境内外核电设施提供优质、可持续保险服务的同时，为各成员公司提供良好的经济效益。

自中国核共体成立至今，受成员公司的一致委托，中国再保险（集团）股份有限公司一直承担着管理公司这一重要职责。

核电站的风险评估

核保险共同体对其体系内承保的核电站定期进行风险检验，其目的是帮助核电站发现风险并进行改进，减少风险发生的可能，提高核电站运营水平，降低核电站的赔付率，并对核保险共同体对该电站的承保定价提供技术依据。

核共体对每一核电站的风险检验周期是3~5年一次，每次3~5天，具体时间由电站规模、电站状态、之前历次检验结果等决定。检验内容包括核安全/运营/第三者责任、机器损失和火灾三方面，每次检验根据需要选择部分或者全部检验内容进行，检验团队由世界各核共体的工程师组成。检验期间将通过现场巡视、分组讨论、文字资料等方面对所关注的问题进行全面了解，并在检验后出具书面的检验报告。

前线

李江红

1967年1月出生。1989年复旦大学毕业后参加工作，1995年7月进入中国人寿成为保险营销员。现任中国人寿浙江省温州分公司银海团队党支部书记、负责人。她于1997年创建了银海团队，2010年被中国人寿总公司授予"全国第一团队"称号，2011年以期缴保费突破1亿元的佳绩蝉联中国人寿系统"十一连冠"，并实现了客户零投诉、监管零处罚、案件零违规。

李江红从2006年起担任中国人寿个险精英俱乐部主席，2002年~2006年荣获中国保险行业协会（ICA）第一届、第二届、第三届"全国保险之星"称号，2007年荣获中国人寿系统"年度十大感动人物"称号，2008年荣获世界华人寿险大会最高奖项主管白金奖，2009年被评为全国保险系统劳动模范。

感遇

征服一座城市

城市所涵括的不仅仅是疆域和纬度，它不单纯只具备地理属性。城市有着太多的象征意味，它承载着人情风物，盛放着气质格调，积蓄着思想和情感，城市的意象甚至就如同一个人的品性和情致。一个人对城市的感触往往只与属于这里的人有关，这有着微妙而复杂的情结。正如一个沉浸在爱河里的人，对一个城市全部的记忆温度都只和这里的某个人相关，失却了这个生息相关的人，这座城市对于恋爱者而言只是一片荒野，无论它是多么流光溢彩、生动繁盛。

很多时候，一座城市就意味着一个人，一个人也足以象征着一座城市。

对于中国的保险，浙江温州市是一座特别的城市，李江红是这座城市的保险名片，至少12年来一直是这样。在保险之内，温州和李江红似乎正是一枚硬币的正反面。

命运总是充盈着不可说的奇诡。在1995年教师节那一天，身为大学教师的李江红在讲完课后，她的嗓子哑了，她想到这或许正是命运对她即将选择的一种启示，一种隐喻，犹如神灵的指引，她懂得自己的改变是来自心音。从此这个在高知家庭里成长的"学术优等生"从阳关大道完全转向了生活的另一小径。由大学教师转身为保险代理人，17载光阴，中国少了一位可能的学术精英，却收获了一位保险营销大家。17年前的李江红不会想到，她走下讲台的那一刻正是对一座城市征服跋涉的开始。

坚韧是脚下的"铺路石"　睿智扭转命运

从年年优等的"三好生"、复旦大学的保送生，成为一名没有任何保障的保险代理人，这在今天也是极为不可思议的转身。1995年的保险代理人在世人眼中是比今天更加怪诞、不信任和轻觑的行业，这样一种转行甚至就是人生的一次革命，在重重不理解中完成转身需要的恰恰正是坚韧。

刚入行做保险时，李江红几乎没有什么人脉基础，是从骑着自行车穿街走巷、陌生拜访起步的。温州的每条寻常巷陌中似乎都有着她当年穿梭于其间的身影和脚印。无论风霜雨雪，酷暑寒冬，她每天坚持拜访8～10名客户。

在组建银海团队之后，李江红的坚韧如同血脉般深深融进她的团队之中，每个人身上都能寻到她坚韧的气质。银海区分处经理黄时芬对李江红的身教感触深切："她陪伴组员去拜访不是一朝一夕的，这早已成为她工作内容的重要一环。"李江红坚持每天对伙伴进行业务培训和辅导；她对每个伙伴的业绩情况了如指掌，总会在第一时间进行电话或短信追踪；她总能找到每个营销伙伴身上的闪光点加以激励，也能找到他们身上的薄弱点加以修正。目前，温州分公司前300强营销员中，银海团队有70多人，约占比23%；前50强营销员中，银海团队就占到了30%。

即使自己团队越来越壮大，业绩越来越高，李江红引领团队的智谋和方略随着市场变化而不断多样化，但她秉性里的坚韧却一直完整地保留着，渗透在她的团队之中。而这样的坚韧往往在困境中是最无穷的能量和勇气，沉稳中的

在保险界，李江红收获无数荣誉。

睿智决定着反败为胜的可能。

2004年受市场环境干扰，银海团队遇到困境。他们每天从早到晚寻找客户，业务起色不大，很多伙伴都失去了信心。李江红处乱不惊，她凭着多年的销售经验和对市场的敏感分析，认为营销员的销售技术和销售方式已不能适应市场的变化，必须把工作重点放在老客户的服务和培育上，而不是一味地去寻找新客户。李江红及时对销售流程进行重新定位，注重对老客户的深度开发和服务，加强了对伙伴专业理财知识的培训，并在伙伴中强力推行"保单评估计划"，全方位了解客户的需求，更有针对性地开展业务，同时还率先提出了"对客户进行分类经营"的理念。经过这一策略的调整，老客户资源被盘活，伙伴们的活力被激发。黄时芬介绍，李江红非常重视对一切有益于个人和团队进步的力量的借鉴，她常常将全国最好的讲师和精英请到银海团队来授课，而费用都是由她个人来承担。

坚韧与睿智俱有的人让人尊敬而钦佩，没有人不愿意和这样的人成为朋友。而坚韧与智慧共有的团队，能阻挡它前进的障碍太少了。

自2002年银海团队摘得第一个中国人寿全国销售团队冠军以来，该团队的业绩连续12年保持全系统第一。

勤勉成为自然 顾家亦是责任

在银海团队之中，没有人会为晚上9点之后还接到李江红的电话而感到意外，黄时芬说，李江红的工作时间是无所谓什么上班和下班的，她考虑自己很少，为伙伴们着想很多，她的电话更多是想知道伙伴们一天工作和生活如何，哪些人需要帮助，她能为大家做些什么。"她更多的就是对我们的关心，她总是盼望能为我们的进步多做一些。"

李江红的关心不仅仅投射在团队伙伴中，更是渗透在她的客户之中。李江红的客户郑晓东有着高度的保险意识："我觉得把资产投入在保险之中是最稳妥和实在的，不论外界发生什么风险，至少我一直有大的保障存在，最大可能保障我和家人的生活。"他说，自己的保险理念和意识也是从和李江红成为朋友这样一个渐进过程中一点一点培养的。类似于郑晓东这样由最初的客户转变为今日的朋友，在李江红的朋友圈中有很多。李江红不单单为他们提供适宜的风险保障，更在人们之间培育和耕耘一种健康的保险理念，这恰恰是很多业绩出众的代理人都无法实现的。这样一种保险理念的根植超越了保单的意义，才是保险更高远的目标。今天，保险如同春风化雨润泽着李江红与客户们的心田。她和客户之间有着不是亲人胜似亲人的情谊，他们像家人一般聚会、郊游、联谊。李江红家里来了朋友，她会请手艺好的客户去家里帮助主厨，在这些人间烟火琐碎的生活场景里荡漾着人与人之间最质朴醇厚的真情。

没有人的精力是无止境的。李江红把太多的心力投入在她的伙伴和客户那里，而她的家人，那些真正和她有血脉关系的人成为她最为亏欠的人。在女儿的记忆中，妈妈永远是那么忙。"对于女儿来说，我就是一个熟悉的陌生人，这份愧疚会一辈子伴随我，这个债我一辈子都还不了。"多年来，李江红对自己女儿的内疚之情一直无法释怀，觉得自己根本没有尽到一点点做母亲的责任。但令她欣慰的是，现在女儿已经长大了、懂事了，也越来越理解她。女儿已经被李江红于事业中的勤勉，对伙伴、客户的真诚所感染，越来越理解和敬佩自己的母亲，她对李江红说出了自己多年来的心里话："妈妈，我虽然在心里还会埋怨你，但我打心眼里佩服你，我在你的身上学到了什么叫勤奋，什么叫坚持，什么叫责任，什么叫奉献。"听到这些话，李江红的眼泪唰唰地掉下来。"7·23"温州动车事故发生后的第二天，女儿就主动提出要和她一起去医院当志愿者，然后她就和女儿去了温州第三人民医院当志愿者。李江红觉得，自己身上的一些精神在女儿身上得到了延续和传承，这是最让她骄傲的事。

李江红的丈夫是她的大学同学，也是一位高知人才。尽管他也有着最初的不理解，但李江红对保险的忠诚和热爱，使他最终决定义无反顾地支持她。现在她的丈夫成了"全职先生"，全力以赴支持和帮助李江红的事业，伙伴们常常可以在职场见到"全职先生"的身影，他们中许多人和他成为朋友。他为李江红承担了很多团队建设的责任。使李江红无限愧疚的是她的母亲，母亲病重入院，她却很少能献上孝心，这使她痛恨自己作为女儿的不称职。

对于家庭与事业，伙伴、客户与亲人，李江红也常常自省。她渐渐懂得家庭和事业并不是绝对的矛盾，而是彼此依存的。"今天我的家人都非常支持和理解我，但我却有着更多的反省和思考。作为妻子、母亲和女儿，我必须有自己的家庭生活，有自己的家庭责任。我的精力和时间不应该过多地倾斜在事业上，我现在懂得了协调与平衡事业与家庭之间的关系。现在团队有着稳定的发展，我应该更多留些时间给我的家人。"现在的节假日里，李江红常常陪伴自己的家人和那些早已成为朋友的客户一起郊游、野炊、远足，这样的惬意和温情使她满足。

亲情满溢在"心灵之家"

陶雪飞是李江红团队的股肱之臣，她对李江江的感佩代表了众多团队组员对李江红的认知："我们曾经的很多客户现在都被我们增员进入了团队，成为我们'家'的亲人，他们很大程度上就是冲着李江红榜样的魅力而义无反顾投入我们这个'家'的。李江红对我们的关爱和帮助总是毫无保留的。"戴宗炳是团队中年纪最大的伙伴，年逾七旬，曾是当地银行的一位高管，今天成为李江红团队的普通一员。他感到的只有幸运："在我们这个'家'中，我过得特别愉快。李江红对我们既关心又严格。这里有一往无前的气魄，人与人之间的关心扶助，我现在没有别的心思，就是想把自己的业务做出成绩，我退休后的收入比退休前还大大提高了。"戴宗炳说，最直接的体现就是现在他和同为退休的同学一起聚会时，所有消费都是自己买单，自己还在省城杭州买了房。他说最让他留恋和爱这个"家"的，是在"家"中处处感受着浓浓的温情。

"有的时候我们和李江红也有小别扭，不能说没有一点争论，但我的感觉就像是孩子和妈妈吵架一样。"团队伙伴吴春梅比喻得非常形象。在一个洋溢充盈着温情的家里，"吵架"难道不也是一种爱的表达吗？

银海团队伙伴们对自己团队用得最多的字就是"家"，银海"家文化"的内涵从最开始的"一家人"式的情感共识，逐渐发展出以服务客户为宗旨的客户经营文化、银海品牌文化以及以人为本的育才文化，最后形成了"事业的家、亲情的家、心灵的家"的情感花园。

平时，在银海团队，大家都是以兄弟姐妹相称。李江红对家里的人都是一样的亲，"我从不会有意把伙伴们细分，也绝不会只关注业务高手和骨干，这'家'是属于我们银海团队每一个人的。"正如团队伙伴陈启平所感受到的那样："李江红对每一位新人都能清晰地牢记。"曾经是企业技术和采购能手的

李江红和她的团队伙伴们。

叶建国早已成长为银海团队的中坚力量，他的事业角色转换非常成功。"李江红在我心中的形象就是一位保险使者。她在'家'中时时处处体现出的使命感让我深受教益，我现在也想尝试着做一个有使命感的人。""我们伙伴都是李江红的粉丝，"邱志莲对李江红在人们心中有着更为形象的比喻。她说，自己能够很早到职场，从不迟到，正是深受李江红的身教。"我们每月一次的庆生会、晋升会、家属联谊会等活动不断增加伙伴们之间的浓浓亲情，而且这样的爱心和真情正在影响和感染着更多的客户。"

面对亲人是无私的关爱和给予，李江红是这么认识的，也同样是如此践行的。2004年，有个营销员得了鼻咽癌，需要手术费8万元，因家庭困难无法支付。李江红带头捐款2万元，大家纷纷响应，共捐款10多万元。由于手术及时，

8年来，这个营销员的身体恢复很好，他常说是银海给了他第二次生命。目前这个营销员已成为团队的销售精英。

被李江红看作是亲人的不仅仅只有"家"中的伙伴，更有着众多的客户。在李江红心中"客户就是亲人"，她认为每个营销员一天至少要为5位客户提供上门服务，并及时向客户提供保单服务短信。在节日和客户生日时，要向客户送上贺卡或问候短信。"这不是个简单的形式，这是我们对客户关爱的真情流露。"

李江红常说："保险是爱心的行业，不仅要体现在开展保险业务上，还要体现在自觉承担社会责任的大爱上。"2008年汶川大地震发生的第二天，李江红立即发动团队所有成员捐款捐物。玉树地震发生后，李江红发动银海团队捐款购买了灾区最急需的500顶帐篷、500套被褥和500件棉大衣，派营销员开车送到灾民手中，并在灾区服务了一周。2009年，李江红和9名有共同志向的人士建立了爱心基金，每当从报纸或电视上看到有急需帮助的人，他们都会伸出援助之手。李江红有一次到医院看病，看到一个患宫外孕的孕妇必须马上手术，但还差1200元手术费，她毫不犹豫地把钱塞到患者丈夫的手中。

"党员"是最闪亮的桂冠

在银海团队的早会上有一点格外特殊，"党员"的字眼总是引起人们更深度和持久的注意，某位伙伴在台上与人们分享工作生活感悟或是领奖时，如果她的名字后面带有"党员"或"入党积极分子"这样的词，将分外引发大家的瞩目，人们眼里投射着无限的尊敬，掌声更是热烈。显然，党的召唤和党员的榜样力量是这个"家"中凝聚无限上进动力的最大气场。

2007年11月，李江红如愿以偿，成为一名光荣的共产党员，她是温州分公司发展的第一名营销员党员。很多人难以理解，营销员入党为哪般？"入党是我多年的愿望，银海团队是企业，企业需要提升，企业经营者更需要提升，必须有组织依靠。但原来由于营销体制的特殊性，没有机会申请入党。当公司鼓励营销员入党时，我率先写了入党申请书，我希望自己成为一名党员，接受党的教育，得到全面的培养，在政治上得到更大的提升。"李江红的入党思考既单纯又深刻。

2010年，银海团队在全国率先成立了营销队伍的基层党支部。目前，支部党员人数25人，其中24人是营销员，另有入党积极分子6名。这是中国人寿浙江省系统第一家在营销职场的党支部，由李江红担任银海团队党支部书记。李江红深信，营销支部党建工作从思想文化方面对银海团队"家"文化可以进行大力提升。他们需要这样的组织形式，去激励营销员队伍提高思想认识，去促进团队内部的和谐。

一语中的：

保险是爱心的行业，不仅要体现在开展保险业务上，还要体现在自觉承担社会责任的大爱上。

——李江红

记者手记：

我对李江红的了解早在很多年之前，那时我的资讯和人脉都并不丰厚，但她的名字已经在我的耳际屡屡出现过。后来我与她在几次保险大会上交错相遇，甚至和她有过合影，但并不曾深入交流，只依稀记得她比较沉稳和腼腆。坦率地说，她除了给我在保险代理人圈内很响的名声外，我甚至对她的面孔都没有清晰的记忆。她给我留下的更多是一个在很多代理人心中关于"榜样"的名字。

对李江红的探访直至今天（她盛名久矣）我才可以实现，这既是一种遗憾也是一种幸运，就像一枚琥珀在多年之后才被珍存，它已经凝聚和吸吮了更多的岁月光华和世界的灵性，成为更有底蕴和价值的瑰宝。现在的探访对我而言，也许有着更真切的意义。

此次与几位同行一起寻访，并不是我习惯的工作方式，这也是我第一次以非专访的方式去作一次人物采访，所以我更多地选择了去听，去看，去感触，去理解，以更多纯粹旁观者的视角去认知和洞悉。所以在几天的探访之中，我是同行媒体里提问最少的记者。但有一个情境使我有些意外，甚至多少感到惊诧，我问李江红，现在的事业是否有惯性生活的因子在其中。我承认这是个多少有些锋利的问题，几天里一直沉静安然的李江红突然罕见地有了几许激动，她的回答很简洁却很坚决："保险是我的工作，我热爱工作，工作使我快乐。"能够热爱自己的工作，并能够因为工作而快乐，这样境界的人绝对是不同寻常的。

没有痛惜的怅惘悲凉，诗歌就不会有久久回荡于心尖的凄婉。没有绝望的惋叹，音乐也不会抵达直指人心的震颤。同样，在不堪的现实和凡俗的日常生活中，有情感的事业才是伟大的和高尚的，没有情感的只能称为工作，当工作仅仅是谋生手段的时候，我们永远都不会获得快乐。我认为，像李江红这样情感的皈依根本不需要荣耀和胜利来提升，因为有情感，保险才配得上"事业"的称谓，保险才能成为她生活里不能剥离的内容。因为在这样的情感里有着她的寄托和信念，那是心灵能永久靠港的一种皈依。所以当李江红团队的组员在晨会上分享收获时满眼盈泪、动容失声时，我不会感到这有多么矫情，当人将自己的情感寄托在一个团队时，就有了自己的立场，有了追随的方向。正如银海团队追随着李江红，正如李江红追随着中国人寿。

在一个高速都市化，生活越发迅捷、数码、科技、快餐文化汹涌的漩涡里，迷失而苍白的心灵远远大于自持和清醒的灵魂，而一个家庭般有情感交融的团队一定能够在世态的迷离与混乱中找寻出清晰的征途，保险恰是这个聚集众多心灵的团队的血脉，它焕发着团队的生气、温度和光彩。

"你认为还有哪些是个人目前无法克服的局限性？"这是我向李江红少有的几个正式提出的问题。也许是时间和情境的原因，她回答我的和我问的初衷仿佛发生了些许错位。"我过于苛求细节，极为看重小事物。"我不知道这究竟算不算一个人的局限，然而，在我想来，这样一种无法克服，这样一种局限，在今天市场营销浪潮中恰恰是李江红独具魅力之处。

很多时候，当我们迫切想了解和知悉一个人成功的种种，以此来表达我们对其的崇仰、敬佩和羡慕时，其实我们常常忘了一个根本，这些人里绝少有从一开始就为了某种利益和光鲜而踏上征程的，激荡他们上路的恰恰是内心由衷的信仰和喜爱。所以当李江红平实地对我说出"我从没有想成就第一"时，她在我眼中比她在任何领奖台上都更使我感受到她的光彩。她说，能激发伙伴和客户对保险行业的认同是自己最大的喜悦，能帮助别人成为大赢家的人才是生活中最大的赢家。这几句充满思辨的话给我印象极深，使我感受到一个即将登上顶峰、即将一览万千风华的人所领悟和参透的人生之境和对人世的先觉。

李江红认为保险生涯对自己影响和改变最大的，是她对人的思考更为全面，考虑问题也更客观和完整了，保险塑造了她今天最重要的素养——拥有更开阔的格局观，这使李江红心胸更广，眼界更宽，心性也更为无我。这正是一个行动者向思想者的蜕变。

幽林归独卧，滞虑洗孤清。

持此谢高鸟，因之传远情。

日夕怀空意，人谁感至精？

飞沉理自隔，何所慰吾诚？

随着年轮的增进，我对张九龄的这首《感遇》越发有仿若洞彻之悟。他的十二首《感遇》我唯独对这一首钟爱久久。有哲人说，人生就是一次次的选择，我深以为然。对于心灵的关照，人世之途就是一次次感遇。一个人无论做什么，爱什么，我想，如果说有终极的话，那最终就是一种绵远无尽的修行，正如这首古诗所深幽阐释出的丝丝况味。那种心如虚空唯一至精的感受，除却本人，他者是极难真正理解和懂得的。

我见过许多业绩拔萃的保险人，睿智、勤奋、坚韧、才识都是他们所共有的品性，但真正使我能感受到他们的温度和情怀的人却绝对谈不上多。眼界和思想维度，对人对事业的关爱与真情，恐怕才是真正能够使人跳脱出那些被数字堆积出的业绩，被人们真正喜爱和想念的缘由。所以，纵然无数次闪现在聚光灯下的李江红，依旧保有着她心性的内敛和沉静，而这样生发于心的"敛"和"静"，使她在花团锦簇中依旧本色活着，内心平和且有爱，才是幸福的本源。李江红并没有向人们大谈她对保险的情愫，但她经年以来对团队、对客户所有的点滴付出，都倾注着她对保险的无限情感。在我看来，保险对于今天的她而言正是一种修行，这样的炼化使她的心灵收获着更多宽广而无限的内容。

人生就是感遇。保险仿佛就是一种别致的修行。

"日夕怀空意，人谁感至精？飞沉理自隔，何所慰吾诚？"

戴宗炳

出生日期： 1936年11月10日

职级： 高级业务经理

入职时间： 1997年1月

1997年1月： 中国人民银行浙江省温州市中心支行 退休

1997年1月： 中国人寿温州分公司财务部出纳

1997年9月至今： 中国人寿温州分公司银海团队从事保险营销工作

主要荣誉： 2008年世界华人寿险大会IDA年会国际龙奖

2011年"中国保险之星"银星会员

连续9年获得中国人寿温州分公司个险销售精英高峰会

会员荣誉

守候

他是一位儒雅、亲善、端方的长者，如果没有保险，这也许就是戴宗炳在我心里留下的全部记忆。而现在他依旧不舍昼夜如蜜蜂般奔忙，他更像一名战士坚守着自己理想的城池，这是保险所赋予他的生活新意。

为至亲转变 迎向新世界

面对今天的生活，当初的戴宗炳是难以想象的，从银行干部转身为体制外的保险企业外勤代理人，与这样充满了牺牲的转变相比，戴宗炳最初想法却显得尤为单纯——他仅仅是为了拯救久病在床的老伴，拯救自己的家庭。

"1997年我退休之后，当时计划体制下我和老伴的积蓄都很少，老伴常年重病在床，我们的经济压力很大。为了给老伴长期救治，除去公费医疗报销之外，必须自己承担一部分费用，即使只有20%的费用需要我们自己承担，但因为慢性病的长期治疗，对于我来说也是一个很重的经济负担。"

原本就是温州保险代表人物、中国人寿温州分公司银海团队经理李江红客户的戴宗炳，第一次主动想起了保险。"最初我只是想到保险公司做财务，根本没想到自己一把年纪还要去跑营销。"戴宗炳说，当时他给自己的目标就是保证自己可以每月赚2000元，以缓解妻子治疗费用的沉重压力。然而，戴宗炳很快发现他竭力寻求的生活愿景难以为继，因为妻子卧病在床离不开他亲力亲

为的照料，更离不开他深切的牵念，他无法继续需要坐班的财务工作。"我找到李江红经理，提出想去从事外勤的销售。"考虑到戴宗炳的实际情况，尽管心存顾虑，李江红还是选择了对他的尊重与信任。更多的收入与自由的时间能使老伴获得更好的救治和照料，进入保险业的戴宗炳再次选择转变，和第一次一样，这更像是命运的逼迫，正是生活的步步紧逼重新变换了他所需要面对的世界。

历经大考验 保险扭转命运

"我工作的转变对我而言不能不说是大的考验。"为了妻子和家庭，已逾花甲之年的戴宗炳没有选择的余地。"好在我原先在银行、在银监局工作时有良好的人脉和口碑，使我在角色转换中还算成功。"从银监局经管处的干部转换为一名体制外的保险企业销售人员，所谓的"供求关系"被完全逆转。"我当年在银行系统工作，办事正直热心、谦逊真诚，口碑和人际关系一直很好，所以在销售工作中比较容易赢得人们的信任和尊重，自一开始展业就还比较顺利。"但戴宗炳绝不仅仅把保险向客户的销售看作是"供求"，"无论对方如何理解保险，买或不买，我都不会把自己的工作看成是求人，我始终知道自己是在做好事，我尽力使更多的人拥有保险理念和有保障的生活。"

在健康销售心态和良好人脉建设的支持下，戴宗炳在短期内就拥有了值得称道的业绩，随之更让他欣喜的是，他在短短几个月内所获得的高收入。"我非常有底气地和老伴说，不用担心，你完全可以安心养病，我完全有能力保证你的住院费用。"在成为一名保险营销员后，戴宗炳才真正可以稍微舒心地面对他的生活，他的压力小了，信心更足了。

在银海团队里，戴宗炳甚至比很多年轻代理人的父亲还要年长，但他的勤奋与思考却一点儿不弱于那些年轻人。戴宗炳根据自己的展业体会，归纳出代理人拜访客户的"三勤"——勤动脑、勤开口、勤拜访（腿要勤跑）。"虽然年纪越来越大，但我还是每天对自己有着硬性规定。每天要开拓一个新的准客户，每天要拜访两个老客户，每天至少要打3个销售电话。"这些对一个需要日日夜夜照料家人的老者而言，无论从时间还是体力上都需要极大的毅力和坚韧，十几年来，他所收获的各项荣誉，都是生活对他的责任心的馈赠。

每个周末，戴宗炳至少有半天是在公司里度过的，"双休日里，公司里没有人，我要专门来这里思考下周的工作安排和方向，打些电话，作些业务规划。"戴宗炳觉得每周末这样都能很清晰地摸索出新的一周要开拓的业务，这样的未雨绸缪、有的放矢很适合自己，多年来周末职场内那个瘦削但却坚定的身影从没有缺失过。每天晚上，老人都保有一段属于自己的时间，"我会坐下来思考今天展业中所遇到的问题，确定明天要拜访的客户以及与客户交流的内容，将新一天的工作全部列出来，按事情的轻重缓急写出来并排序。我们的工作必须要有条理和准备，决不能出现不知道去拜访谁、或者没时间展业的局面。"十几年来，戴宗炳养成了自己的展业态度，即使再繁杂、突然或紧急，他也可以从容应对。"即使事先安排的事情每天都可能充满变数，不能事情有了变化时才现考虑该怎么办。"所以戴宗炳从来没有出现过先前约好的客户爽约之后无所适从的情况，他会按头一天晚上考虑周全的候补方案继续进行另外的工作，用他自己的话就是："把将要做的事情考虑周到和有条理，我心里就会很平静。"

保险情怀日久醇厚 收获心灵之愉快

戴宗炳最初所以投入保险营销，最强烈最直接的原因是，维系久病卧床的老伴的不菲医药费用。而今，老伴已然故去，他依旧跋涉在保险征程中，经济动力早已不是戴宗炳与保险紧密相连的根本原由。他在省城杭州最好路段买下了属于自己的梦寐以求的房子，还有了自己丰厚的存款，和老同学一起出行，他可以是那个为大家从容买单有"大面子"的人。但这些对于他而言都不再是最重要的了。在保险里有了生活的新的愿望、目标和理想，他不会觉得自己老迈，他有了更高远的生活境界和视野，这些属于心灵和精神的愉快才是戴宗炳与保险依依不舍的所在。

依据自己亲历的生活磨难，戴宗炳几次向我坦露一个人在社会中身体和经济的重要，"最怕的就是生病和没钱。"这样的大实话包含着他自己在艰难和重负下的生活体验。十余年不分昼夜守护照料着自己至亲的人，然后看着她一点点远离这个世界，这样镂骨铭心的经历不会不使一个人更深刻地理解世界和生命，这往往会使一个心地纯良的人拥有更多的责任感和悲悯心结。

人生已过七十余载，戴宗炳相信影响人生路程的终究是目标和志向。"你们年轻人一定要有理想志向，要有美好的愿望和目标。这决定着我们每个人的人生境界。"他以自己身边的事例和人物举例，无论是行长还是司机，同样的工作岗位和生活内容，正是由于人与人之间目标不同，使每个人在同等境遇下

生活中的收获和未来的生活完全不同，直至人生的境界呈现出大的不同。

论及自己的目标，戴宗炳表示，这样的年纪不得不量力而行。他说自己已经不会再为钱而工作了，少些压力多些快乐的营销，是现在自己的追求。时至今日，戴宗炳已经不再追悔和懊恼什么了，能放下的都会放下，只是有一点他常常略感遗憾，"当初我没想到自己在这一行里能长久地做下去，对保险认识不够，所以一直没有去做增员。"然而，我想戴宗炳老人理应是无愧于人无愧于己的。对亲人的不离不弃，对事业的扎实进取，这都是一个有良心有责任有担当的男人所为，这也绝不是任何一个人都可以轻易做到的。戴宗炳非常在乎保险对于家庭和睦美满的功用。十几年里对至亲竭尽全力的付出与挽留，才让他对保险的理解更加深邃，才使他深悟家庭美满的意义，才令他更热忱更勤奋地工作，这恐怕正是戴宗炳情愿用心耕耘于保险园地的深刻情怀。

一语中的

年轻人一定要有理想志向，要有美好的愿望和目标。这决定着我们每个人的人生境界。

——戴宗炳

记者手记：

最初能够对戴宗炳留有印象，不单单因为他的年纪，在与李江红银海团队的骨干人员座谈时，他的谈吐和举止给了我某种特别的感受。激情洋溢、热烈奔放是当时更多人的相似气场，他们对李江红及所在团队赞誉的浓烈渲染使我有些应接不暇。我记得戴宗炳的言谈细微柔和、简洁从容，在与众人相比中尤为显得持重稳健，我想除去年龄之外，曾任银行干部的身份是他有此气质的更重要原因。

戴宗炳能够在短时间内、在花甲之年成功转型并业绩上佳，这应该来自三个原因。一是他从前待人好，广积善缘，他一如既往令人赞许的德行在很大程度上成就了他的今天。二是他具有大局观，且能勤奋和动脑，这可能也源于他从前养成的良好工作作风。就像他满怀求知欲，不断地希望我能向他说说我以往采访中的所思所感。我们时间有限的相遇，他向我说得最多的就是，"你见识多，接触的人也多，你应该多教教我。"三是具有生活的重负。为救治久病的亲人，巨大的经济压力逼迫他必须全力以赴。而我认为最后一点恰是最重要的。就像在交流中，他反复和我说的一句话，"不能有病，不能没钱。"朴素的实话来自他十几年对重病的老伴全方位照料的切身体验，显得更有冲击感和爆破力。看着相濡以沫的人渐渐衰微、凋败直至慢慢离去，这样的内心感受是任何人难以理解的。为了救自己的妻子，他必须不断去赚钱，赚更多的钱，但我相信戴宗炳绝不是一个贪图钱财的人，他对钱的渴求只是关乎着爱与责任。

在有些时候，企业喜好冠冕堂皇，媒体往往道貌岸然，在他们的共同作用下，我们关切的是渐次延展的保费数字，我们瞩目和仰视的是鲜衣翩翩的业绩偶像。然而在这样的光芒和喧嚣下，真切、淡然、平实的生活内容被覆盖被遮蔽，那是真实朴素也是最深刻的内容，一如戴宗炳十几年来真正的生活模样。

如果足够客观和冷静观察，我们会知道，中国近300万的保险代理人员中，改变自己的经济状况、缓解自己和家庭的生存压力，依旧是大多数人在其中努力或尝试的最直接最朴素的原因。无论是企业还是媒体，或是站在万众瞩目演讲台上的明星，他们往往人为地美化和拔高了最初的动机。对不起，也许是我内心过于偏狭，有几次我去听保险明星们的演讲和讲座，他们在台上慷慨激昂，手足狂放，悲喜收放自如，言语中充斥着责任、良知、爱心……台下是此起彼伏的掌声，可我就是不能被这样形神俱佳的演讲所感染和感动，我总是希望台上的人能更加真诚一些。然而能真正使我动容的恰是作为老年的戴宗炳十几年日夜照料老伴，四处展业提高收入挽救老伴。这样一种平淡的生活里隐忍着多少艰辛、不堪和无奈，也蕴含着怎样一种深沉的爱？

抛开一切粉饰，还原生活的真实，我们会发现那些在很多人眼里卑微的保险代理人真实的生活与工作并不轻松，经济压力依旧是他们通往梦想甚至是为了能够从容生活所首先需要跨越的阻隔。他们的心灵和精神都承载着不小的负荷，但他们身上的可爱之处却会使我们久久感动。他们善良、隐忍、坚持、不屈和永怀希望，他们为了孩子、为了家庭、为了梦想忍辱负重，含辛茹苦，他们很多人都依旧用心努力着，不曾放弃对生活的求索。

戴宗炳的晚年生活难以称得上轻松如意，但我从与戴宗炳的坦诚交流中仍然感受到在所有人生风雨雷霆之后，他内心的恬淡和从容，我想那是因为他依旧有心愿有目标有理想，他的心灵始终充盈着光彩和能量。这是保险的恩惠和赐予。

也许戴宗炳今生永远不会成为业绩最为出类拔萃的代理人，也许他永远不会企及像"保险爷爷"梅弟那样高拔卓绝的事业成就，但这又有什么关系呢？保险绝不仅仅是呆板枯涩的数字所展现的业绩和保费规模，更多的保险代理人也许现实生活并不轻松乐观，但保险却使他们更坚韧。很多人就如同戴宗炳这样，是保险使他们的生活没有局限在荒芜和苍白深渊里，保险在改变着自己与他人的生活，启迪着他们人生的向往与心灵的梦想，使他们不会在人丛里迷失。这才是比一切奖杯和荣誉都更神圣和伟大，更有价值和意义的原因，这也正是保险作为关于爱的事业最为崇高和理应受人敬仰之所在。

李世华

保险营销界"全国陌生裁判员系统运作"第一人。
2008年~2011年连续4年荣获泰康总监团队增员第一
名。保险营销界"请大声地与陌生人说话"的倡导
者。全国"城市猎人"增员突击队的创始人，泰康人
寿全国系统陌生市场增员冠军。连续8年以团队总业绩
入围泰康人寿全系统最高荣誉奖项"泰康杯"。 2009
年以团队总业绩排名获泰康系统全国第一。

舍弃山顶　享受攀登

读懂了人就读懂了世界

方磊：您是如何投身保险营销事业的？在此之前，您的生活背景和状态是怎样的？

李世华：我最早是在1995年听说保险的，1996年买下了我自己人生中的第一份保险单。当时买保险的主要原因只是想早一点打发向我和我家人推销保险的代理人，也给那个还算熟的代理人一点儿面子，记得当时那份保险保费才700多元。这是我第一次接触到保险，当时的我对保险没有概念也没有想法，我当时觉得买不买保险都不是太重要也不是太着急的事。但是，让我没有想到的是，几天后，保险营销员把我的保险合同给送来了，我对保险有了最初还不错的印象，也想更多地了解它。

从1997年到1998年的上半年，我被一次次当作增员对象，这让我开始思考自己是否应该尝试走进保险。1998年4月份，我第一次走进了保险公司的大门，眼前的一幕幕让我今天回忆起来都还有很深的印象：宽大明亮的职场，摆放整齐的桌椅，墙上贴满了激励人的标语。我还看到有很多公司优秀员工的相片，我好像一下被激励起来了，不断地提醒我自己：去试试吧，说不定你是个保险人才呢。那一刻我感觉自己似乎找到了理想中的事业舞台。

原先我是一名工人，但感觉我的生活像父辈们一样平淡，我想趁着年轻去拼搏一番，我不顾父母和朋友的劝告，独自"下海"去了广州和深圳，我开始经商。

1995年，我砸掉了自己的铁饭碗，离开了单位，今天回想起来，我真的很感谢自己当时的决定。

方磊：您连续多年团队增员在公司内成为很难超越的榜样，您是如何做到的？这其中您有哪些工作方法可以与我们分享？

李世华：只要你读懂了世界上的人，你就读懂了这个世界，只要你掌握了人的需求，你就掌握了整个市场。我相信，一个人即使有再大能量，也不可能大过一个优秀团队的力量。

如果是你一个人去增员，不仅效率低，更重要的这是孤立的增员，会让你的信心受到很大的影响。我从事保险是从武汉开始的，在武汉工作了5年，有了一个很好的团队，也是一个收入很不错的业务经理。但是，在2003年，我对自己作了一个很大的挑战，放弃自己在武汉苦苦经营了几年的团队，去到了福建，在福建再次从零开始接受新的挑战。一年后，我又一次放弃自己上百人的团队，也放弃了自己当时的业务总监职务。当时，很多人在劝我，也为我感到惋惜。我说，这没有什么，因为我可以从头再来，我相信我自己的能力，我肯定我的人生价值。就这样，我第二次放弃了我的团队，选择了降低自己的业务职务标准，在山西从业务经理开始干。从一个非常熟悉的南方城市到了一个不太适应的北方城市，一切的一切都变了。在山西8年的时

间，我从独自做起，一直努力做到了近千人的团队，更让自己上了一个很高的平台，从一个业务经理再次做到了公司业务团队的最高职级——高级业务总监。

在这8年的时间，我每一天都在谈增员，我把增员完全融入到我的生活中了。每一周的时间，我都会有三次大的面试会，这些面试人员最初都是来自人才市场，我们从大量的应聘求职者中去挑选适合的人选。我在团队中还不断地培养增员高手，定期地给团队所有伙伴作增员培训和市场实战训练。8年的时间，仅在山西市场就增员超过3000人，不仅壮大了我自己的外勤团队，也为公司内勤输送了优秀人才。

方磊：请您谈谈保持做大团队、做好增员的具体方法。

李世华：我的工作方法有：

（1）培养猎头增员助理，最好是女性，年龄不要太大（她们的主要工作就是做增员，也可以从中找到比较拔尖的人做陌生市场的增员猎头）。

（2）增员就是要有专业的学习培训，要做好组织发展增员，必须要给保险代理人提供专业的增员训练机会，让保险代理人真正能体会到做增员的快乐。

（3）做增员贵在坚持，没有什么事情比坚持更有力量，没有什么事情比有一群人跟着你去工作更快乐的了。

（4）做大团队要有大胸怀，要用大手笔，还要看得长远。不要因为团队有人掉了队而丧失信心。要知道，做增员、做团队就像自己在带一支队伍，战士们的士气你要给予，队伍的人数你要不断地去补充。只有这样，你的团队才是最好的，你才能在战场上立于不败之地。

"城市猎人" "捕捉"保险良才

方磊：您被称为"全国陌生裁判员系统运作第一人"，请您谈谈您创建的这个系统模式和实际运用的功效。

李世华：说起这个增员系统模式，还得从2003年11月份开始，当时我在福建任业务总监兼全省的人力组织发展总监。当时全国的保险市场竞争都很厉害，受公司总经理室的委托，我组建了一支百人的增员队伍，由总经理室亲自督导，由我亲自带领开始为期20天的大增员活动。因为这100人都是一线的业务人员，有优秀的业务员，有业务主管，有业务经理，有业务总监，都是精挑细选出来的人员，是当时轰动全国的增员队伍（"城市猎人"增员突击队）。20天的时间，我给所有的突击队员进行了最为专业的增员学习训练，每天都安排大型的面试会和学习增员的研讨会，大家报了增员目标，也给自己提出了严格的要求，每天的早会直接进入的就是增员，强大的潜能训练，强大的增员话术演练，每一天的陌生增员，突击队员的表现都给大家带来一个又一个的惊喜，报名培训的人每天都在增加。20天共增员568人，700人进入到新人班学习。这是一个奇迹，这是一个增员的神话故事，我们用行动实现了。

这个系统模式最重要的就是要集体作战，所有的程序都必须按照规定的要求去做，它的细致真是环环相扣。

（1）从营销团队中选出优秀的增员人选（有很强的增员意愿，个人形象好，从业心态好，有积极的心态，没有抢增员行为，有3年以上的从业经验）50～80人，组建成一支高绩效的增员队伍。

（2）统一思想，统一着装，统一学习，统一目标，统一时间，统一工作，统一训练，统一邀约，统一面试，统一培训。

（3）打破传统的增员模式（一对一的说服形式，三层以上的烦琐面试，大型的创业说明会），而采用最高效的集体面试方法。

实际运用的功效非常好：从2003年开始，我一直在完善这一套增员系统，在短短4年多的时间里，这套系统平均每年都能从市场上招聘到近千人。

方磊：请您谈谈全国"城市猎人"增员突击队的创建和目前的工作状态。请您谈谈增员在我们保险营销工作中有哪些高效的方法。

李世华：创建"城市猎人"增员突击队可以说是我在保险行业工作中一直以来的一个伟大梦想，14年来，我一直在坚持做增员工作，并痴迷于这项工作。我深知，做增员做组织发展，对于一家公司、一个团队、一个保险代理人来说，都是最为重要的。

我创建"城市猎人"增员突击队已经有10年的历史了，在这10年的时间里，"城市猎人"增员突击队就像一支专业训练有素的增员队伍，能在很短的时间里通过学习迅速地走向陌生市场，又能在很快的时间里去接触陌生人。2003年创建"城市猎人"增员突击队的时候，我所带领的100人队伍，其中有60多人是和我无任何"血缘"关系的，当时我的职级就是业务总监，我想只要你愿意去学，我就认真地去教你，我只有一个想法，把参加培训的伙伴们都打造成最专业的增员突击队员。

"城市猎人"增员突击队创建的时间为2003年，创建地点是在福州。创建的初衷就是想让保险代理人都能掌握到最专业最全面的增员知识。我希望能把增员突击队的这种精神、这种成功理念传播到保险行业里，而不是仅限于自己所属的一家公司，真正地去体现保险行业的大爱精神，也盼望能从市场上引进更多的优秀人才加盟保险行业。

一般的保险代理人都会认为，来保险公司工作就是保险展业，也就是所有的工作都是在围绕着如何把保险产品卖给客户，没有人会去想到，来到保险公司之后还要去增员，还有增员这样一个更能让人兴奋的渠道可以走。所以很多的保险人在进入到保险公司以后的很长一段时间里，也没有机会掌握到增员的方法和有效知识，这也让他们养成了习惯，进入到保险公司以后只会做业绩，不会做增员。

方磊：依据"城市猎人"的实战经验，您认为高效的增员方法有哪些？

李世华：我个人总结的增员工作方法大致有以下几点：

（1）通过借力的方式，把被增员者介绍给上级主管，采用给被增员者展示出一个成功的形象，用鼓励和赞美的声音来达成增员成功的目的。

（2）需要做更多的事情，就是要让被增员者能够感受到公司的文化，多邀约他来公司几次，去熟悉公司，去了解公司，去看好公司。

（3）用组织参加各项活动的方法去邀约新朋友一同参加，用团队的氛围来

李世华与首届猎豹突击队队员

感染新朋友。

创造增员的高效率，我归纳为以下几个要诀：

（1）集体训练：每一个月要有一次大型的集中性增员学习和训练，增加和激发大家学习增员的热情和干劲。

（2）集体邀约：在同一个时间点产生上规模型的邀约增员前来公司参观面试，会促使保险代理人马上做增员邀约工作。

（3）集体面谈：做增员最怕的就是单一的一个人在做，或者说是被增员者一个人来面试，集体面试可以增强被增员者从业的信心，营造增员的环境，创造增员的良好氛围。

陌生市场：保险营销的"决胜之地"

方磊：您是"大声与陌生人说话"的倡导者，请您谈谈对我们伙伴而言

"大声与陌生人说话"的实际意义？

李世华：谈到这个问题，我想说的是：我这么多年一直在坚持做陌生市场，一直在用从市场上摸索和研究出来的经验在一个个的陌生市场上从零开始去走上顶峰，然后从山峰的顶上下来，再次从零开始去登另一个顶峰。我就是想告诉全国所有的保险同仁们，保险行销不是只有一条道路可以走的，相反，我们完全可以通过改变观念，通过正确的学习，提高自己的销售水平，让自己在保险这条道路上走得更好。

在保险行业，听到新人说得最多的话就是不好意思把保险卖给自己的熟人，也不想在刚进入到公司的一开始，就拿自己熟悉的人开刀。但是，当提到陌生人，他们往往表现出不怕，说自己不怕和陌生人说话，但最后的结果，他们所受到的最大打击都是来自陌生人。让他们感到害怕的还是陌生市场，特别是时间做久了的保险人，到最后越来越不敢接触陌生市场，还有不少的保险人都是因为在陌生市场上受到打击后错误地认为这个行业不好干，最后不得不让自己离开保险行业。

保险行业是以人为本、和人打交道的一个行业，无论你的朋友有多少，或者说你有多么好的缘故市场，你都会在这个行业中或多或少地接触到陌生人，工作中我们会发现，很多时候我们都把熟悉的人看成了陌生人，不敢去接近，那么，我们做保险是不是也可以把陌生人看成是熟人呢？回答是完全可以的。

和陌生人说话对保险代理人来说有着重要的实际意义：

（1）能提高保险代理人从事做保险行业的兴趣感和价值感。

（2）能帮助保险代理人持久地积累到大量的准客户和准增员名单。

（3）能打开保险代理人的眼界，能让保险代理人有良好的从业心态。

（4）能让保险代理人有机会接触到真正的陌生市场，增强从业信心。

（5）能让保险代理人拓展出做保险的营销思路，有明确的方向感。

方磊：您是如何孕育和管理公司最大团队的？

李世华：首先我要感谢我的公司，感谢我公司的领导，感谢和我一起努力的团队伙伴们，最后我还要感谢我自己。

团队的孕育和成长从来都是从无到有，从小到大。从一开始，我就有一种信念和想法，我要在公司做一支最大的团队，我首先招聘了几位助理，我把她们定位于专业做招聘的工作。说实话，培养招聘助理真的是一件很难的事情，你要经常陪着她们去人才市场招聘，还要教她们怎样去看人，怎样去听话，怎样去发问，怎样去观察他人的表情，更多的时候还要带她们去陌生市场上去实战。我招聘的第一步就是这样开始的。在最开始没有团队的时候，我决定从招聘优秀高素质的人开始，因为招聘的条件高，当时吸引了很多的优秀人才前来公司面试。借助公司领导的面谈，借助公司培训的力量，我开始有了团队。8年的时间，我团队中最强的增员文化就是定期做增员培训，定期做增员突击训练，增员是人人学，人人增。8年的时间增员不间断，做到了月月有增员。

我在团队的管理上注重的是文化氛围的管理，是团队主管自我经营意识的管理。我的团队是一个很特殊的团队，所有的伙伴都是我在这8年的时间用心招聘过来的新人，现在时间长的已经跟我共同成长了有近8年的时间。我招聘的团队所有伙伴，都是没有做过保险的，所以我的团队里没有太多的杂音。公司协助我把团队分为几个服务部，每一个服务部都有公司的内勤配合去管理，我现在独管一个我自己的直辖部。

保险是属于全人类的语言

方磊：您如何看待目前我国保险市场的发展？您如何看待客户对保险的

认识？

李世华：目前，我国保险业正处于一个最为关键的转型时期。随着国际上的一些知名的保险公司在中国市场上的进入，随着国家对保险行业的大力支持和对保险市场的不断规范和大力监管，我国的保险市场已经到了一个大的转型期。保险市场的整体变化，让保险人也感觉到了自己从业观念和从业行为上需要转型的时期已经到来。

尽管这些年我国保险业在市场上已经得到了一个飞速的发展，国民对购买保险的意识也越来越强，人们从心理上也慢慢地开始接受了保险，但是要让保险真正走上一条健康之路，还是需要很漫长的时间。目前中国保险市场还有很大的发展空间，我们可以清楚地看到，人们对健康意识的逐步加强，对现在已经存在的养老问题产生的重视，对各种风险事故的防范心理，都表明了目前的保险业正朝着更好的方向在发展。

客户对保险最早的认识是靠保险营销员上门推销，对保险的信任也是因为保险营销员上门服务，对保险的了解也是因为保险营销员上门宣传。现在，客户对保险的认识度有了，也有很多客户开始主动想去了解保险。我们也可以这样去理解，客户对保险的认识就是对保险代理人的认识，因为很多客户是因为代理人的推销和宣传才认识了解了保险，也有很多客户是因为对代理人的信任才去购买保险的。所以保险代理人需要提高自己的销售水平，掌握更高的经营理念，去更好更全面地服务好我们的客户。

方磊：在投身保险业多年之后，您如何理解保险？

李世华：保险是属于全人类的语言，全世界的每一个人都应该拥有保险的保障，保险是一个爱的使者，它在人间传播着一种真正的大爱。

保险就像我们身边的好朋友，是不可以缺少的；保险像一把伞，在风雨来临的时候能为我们去遮挡；保险像一个防盗门，在已经拥有了家庭木门之后，又在外面多了一道安全的屏障；保险像汽车的备用胎，在人生路上出了意外之时，能及时地给我们解决后顾之忧；保险像救生圈，无论你的水性有多么的好，在关键的时候，你一定离不开它，你需要的就是安全的保障。

方磊：从多年的保险事业中您有怎样的心灵收获与感悟，保险使你有怎样的改变？

李世华：可以这样说，保险带给我内心深处最感动的就是，保险人在这个行业中伟大的付出精神，他们是新时代最可爱的人，他们用小家在换取着大家的幸福。保险工作让我体会到了生命的珍贵和短暂，让我品味到了人生中的辛苦与快乐，给了我人生中无限的梦想与动力。我收获了在保险行业中的感恩与感动。我感悟到了"快"的含义，人的一生会过得很快，要抓紧时间努力工作。人的改变也会很快，用自己的双脚走出一条属于自己的人生之路。

我从一个当时只是想去保险行业试试看的人，到现在我想奉献于保险业。我认为，我的改变是惊人的，保险给予我很多心灵的触动。从事保险完善了我的销售之梦，让我的销售知识得到了一个最为全面的提高和发展，让我知道了销售最高的境界就是在销售我自己。从事保险完成了我的讲师之梦，让我从一个角色演变到另一个角色，这是我最为骄傲的事情。从事保险让我开始对目标有了更清晰的感觉，目标在我的行动中一个个地实现。

方磊：您的业余生活和兴趣爱好有哪些？它们对您的事业有怎样的帮助？

李世华：谈到我的业余生活，读书可能是我从小到大都没有改变过的喜好。我喜欢看书，特别喜欢逛书店，就连上飞机的前几分钟我都会抓紧时间去买几本书带上飞机，我一直认为看书会增加很多的知识、乐趣和智慧。我也会在稍有闲余的时间尝试去写作。我还会用旅游的机会去了解这个世界，用旅游的机会去交到更多的朋友。

我喜欢演讲，演讲让我认识了保险行业很多优秀的同仁，从他们身上我学到了我以前未知的很多知识，通过演讲，自己的价值在一点点提高。

我集邮的历史已经有近20年的时间了，从小小的邮票上面我学到了很多的知识，也让自己养成了一个做事认真的习惯，我用从集邮中所学到的知识和人交流，同时也培养自己的情趣。我还喜欢摄影，我希望我能给自己在每一个时间、每一个地点都留下值得回忆的身影。我还有一个很好的习惯就是长跑，在学校读书的时候，我就喜欢上了它，这么多年来我依然在坚持长跑。我总是在想，自己能努力做保险14年，可能就是因为坚持长跑对我的影响，让我能克服一切困难，因为长跑培养了我的毅力。

一语中的

保险像救生圈，无论你的水性有多么的好，在关键的时候，你一定离不开它，你需要的就是安全的保障。

——李世华

吴晋江

1988年7月，毕业于杭州师范学院中文系；

1988年~1991年，执教于浙江省某知名中学；

1991年3月，放弃教师工作，南下深圳在底层多行业中打工；

1995年3月，加盟平安人寿。

2004年~2007年，获平安人寿总公司"优秀导师"称号，现为平安

总公司最高级——五星级导师；

2005年，获PPMLL授权讲师；

2007年，获LIMRA AMTC授权讲师及大陆第一批CIAM；

2010年，成为国际认证理财管划师（RFC）；广西岑溪河六平安仁爱

希望小学名誉校长。

旅程

对于广东省深圳市的方小平女士而言，她已很难说清多年以来自己参与了多少公益事件，她也从不觉得自己有多少比他人荣耀和骄傲的地方，因为常年的义工经历使她的生活与工作已经自然融入在各种公益活动之中。然而，唯独一次特别而珍贵的经历，使得方小平常常为自己亲历其间而感到幸运和欣慰。这恰恰是因为她身在保险人之中，她身在平安人寿深圳分公司天众卓越团队之间……

曲径通幽结缘岑溪

2008年5月16日，四川汶川大地震之后的第4天，在吴晋江所引领的中国平安深圳分公司天众卓越团队历史上有着非凡意义的一次晨会郑重举行。"我们当时不断看到前方地震的后续报道，一个个悲惨的消息令我们钻心地疼，我们看到越来越多的人需要帮助，特别是那些遇难的孩子让我们坐立不安。"吴晋江说。就在那次晨会上，他的团队几百人竞相响应，一定要帮助那些孤苦幸存的孩子们。吴晋江说，当时自己和组员们最大的意向，就是为孩子们建一座永远不会倒的学校。

吴晋江迅疾与中国青少年基金会联系在四川捐建学校的事情。然而与有关

吴晋江（左）被荣聘为荣誉校长。

组织的联系却相当复杂和曲折。在几经考量之后，在中国青少年基金会的提议之下，吴晋江和他的团队选择了援建广西岑溪希望小学。"联系的过程比我想象的复杂许多，最终我们在有关组织的几个地点的提议下，选择了离深圳不太远的广西岑溪市河六村小学（现改名为岑溪市河六平安仁爱希望小学）。"吴晋江表示，在当时的情况下，他们必须尽快作出决断，"我们团队的捐款正在源源不断，我们的捐建活动已经逐渐引起社会反响，我们的客户和一些社会人士的善款也投入到我们的捐助基金中，我们希望这些善款能尽快发挥功效。但也正因为参与的人越来越多，我们在地点的选择上就必须有民主性，与主要捐助者商议具体校址。"

吴晋江谈到他们之所以选择广西，有一个很重要的考量，那就是希望所有的捐助者都能够在将来亲眼看到自己的爱心落在了实处，能看到自己为孩子们所捐建的校舍，更可以看到令他们陌生而又无限牵念的孩子。吴晋江理解的爱心，绝不是一次性的付出，也不该是虚的，应该是持久的，应该是能够真切看到自己的受助者因为自己而变得美好。他认为，这不仅能够有助于保证善款的公开与透明，更是对一颗颗真挚爱心的最好奖赏。

同时，他希望他们所捐助的学校是相对贫困，地理位置还相对方便，"我不希望选一所最穷的学校，那样我们后期的精力和财力都将投入得太多，而且恐怕我们还不能真正帮到学校，我希望在我们的能力之内，能够去帮那些经过我们的努力有较大变化和发展的相对贫困的学校。"吴晋江说得很实在，"我毕竟要对几百人的爱心团队负责，更要对孩子们负责。"

吴晋江承认，之前他对慈善的理解太简单，捐建学校就像是一个盛大的工程，前期的诸多事情出乎他意料地大费周折。"前期我们和有关部门就捐助资金、学校选址以及繁杂的各种手续流程有着大量细微复杂的交流沟通，而且我和团队伙伴本身每天都还有大量的日常工作需要处理，真是忙得焦头烂额。"在这些繁琐庞杂的事情里，吴晋江懂得了做慈善不仅仅是要用心，更需要头脑和精力。他坦言，在自己精力濒临穷尽的时候，在困难重重之中，他也犹豫、踌躇与矛盾过。然而就在一次特殊的旅程中的所见所感，让吴晋江所有的矛盾都化解了，他的心要求他坚定地把这件事情做到底。"正是因为我去了广西实地考察了解，看到了许多我想象不到的场景，深深触动了我的内心，让我懂得我要做的事情是多么正确，懂得它的意义和价值，我的所有杂念都没有了，就是由衷坚定地要把事情做到底。"

对于广西岑溪特别的旅程，与吴晋江同行的团队骨干方小平这样表述她的所见："学校虽依山傍水，但条件比我们预想的还要糟糕，校舍简陋，而且充满危险，孩子们没有午餐吃，没有活动场所，没有好的课桌椅和文具。尽管我参加过很多公益活动，救助过很多人，但我还是被这些孩子所触动，他们是

吴晋江的公益行为引发了更多保险人的关注。

我见到的最需要帮助的人。"另一位坚决不愿意透露姓名的伙伴说，也正因为有了这次行程，才让自己对参与这项活动有了更透彻的认识，"看到那样的场景，我当时就感到特别悲伤，一看就知道这里的孩子是在很苦的环境里学习的。孩子们身材瘦小，很多孩子都穿着拖鞋、甚至是光脚的，可想而知他们的生活学习条件。但当孩子们热情地排成两队迎接我们的时候，我又被深深打动了。"后来这位伙伴除去捐助了1万元现金后，还即刻为孩子们添置了过冬所需要的大棉袄、270床棉被，做到1人1床。同样捐助了1万元的史晓虹女士在看到学校、看到孩子们时，就认定这样的捐助是值得的，"我希望孩子们今后不仅能有自己安全舒适的教室、食堂，还有属于他们的图书馆和电脑，我将会拜访更多的客户，感染和带动更多的人参与到这项公益活动之中。"方小平希冀他们对孩子们的帮助不仅仅是在物质上，"我希望我们走入孩子们的生活，带给

吴晋江夫妇与被捐助的孩子们合影。

孩子们一种新的视野，让他们在思想上有一种提升，获得心灵的幸福感。"

爱在细微之间

随着时间的推移，善款捐助活动慢慢走上轨道。吴晋江团队的捐助学校公益活动逐渐在社会上有着越来越大的影响。吴晋江所居住的深圳大梅沙东海岸的邻居周小姐就在自家举行了颇具规模的慈善晚宴以及义卖会，参与者热情踊跃，募得的几十万元善款全部交由吴晋江转入捐助学校的基金。在最初阶段，捐助突破了1000人次，700人以上参与。"我后来越来越觉得这不仅仅是我们团队在做公益活动，在我们团队的背后还承载着众多伙伴家属、客户以及朋友们的期许。"吴晋江感受着越来越强的使命感。

2009年10月，吴晋江收到从广西岑溪寄来的几张照片，看到照片上拔地而起的两层教学楼，他异常激动。为了确认工程的进度，更有着对远方孩子们的惦念，他又一次前往岑溪。吴晋江对学校的观察更为细致，他发现孩子们的课桌椅已经破旧不堪，立即用100元一套的价格资助了学校265套课桌椅，并且以每年150元一名学生，资助了近160名学生的学杂费。学校在吴晋江团队以及社会各界人士的默默而持久的施爱中，逐渐健全和完善农村小学最基本的功能。吴晋江将收集到的学校所有学生的照片向全社会有意愿资助孩子们的爱心人士公布，使捐助者可以有更大的自由选择被捐助的孩子，使一对一的助学捐助透明、公开又民主，而且充满人性。吴晋江承诺，会为所有捐助者修建一面慈善墙，这不仅使得所有善款可以公开透明，也因为他相信"善"同样需要传扬，公开的"善"才更深远、更有力量，也更有助于社会美好风尚的建设。

"我还特地去了两名孩子的家。他们的家像很多孩子家一样，都要爬山过河，都相当贫困，但孩子的学习成绩都非常优秀，而且心态乐观向上，这让我备受感动。"孩子告诉吴晋江，他们现在都非常愿意在学校里玩儿，很留恋学校，因为他们知道很多叔叔阿姨都在关心着他们。"我知道我们的善举对孩子们将有着长远的影响。"孩子的话就是对吴晋江最高的奖赏。

就在再次探访孩子们的过程中，吴晋江有了更细微的发现，他对这个学校的远景也有了更深的思考。吴晋江奇怪地发现，孩子们每天上学几乎都会带着一个装有白色糊状东西的饮料瓶，每到中午，他们就捧着饮料瓶喝里面的东西。"我第一次去学校时就发现了这个现象，经过仔细观察，终于发现这瓶里白色糊状物体其实是白粥，这些孩子每天的午餐就是喝这些白粥。他们无论冬夏都这样吃。他们可能觉得生活就是这样，所以根本没把这种不是午餐的午餐当回事。"吴晋江决心一定要把孩子们的午餐解决好，他要为学校建厨房来保证孩子们的用餐。

经过繁琐复杂的多方协调和沟通，由学校、村委和学生家长三方共同承担，保证了孩子们每日1.8元伙食标准的米饭和荤素搭配的菜，同时利用捐助基金部分善款为学校修建厨房并聘请了厨师，解决了孩子们长久以来的午餐问题。吴晋江说他接下来的心愿是要为孩子们修建可供他们开展体育活动的操场和更能保证他们安全的门和围墙。"有一次孩子们正在上课，附近的一个疯子突然拿刀闯进教室，吓得孩子们四处奔逃。从此之后，我一直都为孩子们的安全揪心，这是要赶紧解决的。"吴晋江为孩子们、为学校的远景规划和设想可谓细致入微。

圆梦与救赎

艰苦而持之以恒地付出，自然能收获更多的荣誉和桂冠。因为对学校倾心执着的关爱和扶助，吴晋江被选举为学校的名誉校长，教师出身的他对这样的荣誉分外感激和珍视，更是圆了他久远前的一个梦。"这是我看得最重的一个荣誉，它高过我以往收获众多的任何一个。"同时他也深知，这预示着自己要承载更多的责任与压力。但是吴晋江心神向往，无怨无悔。"我今年想找时间去支教，还想为孩子们建一个电化教室。我觉得我们的捐助不应该仅仅停留在钱、物之上，而应该努力尝试着从教育本身去支持和帮助孩子。"

捐助贫困山区小学，在吴晋江看来，绝不单纯是他个人或者仅仅是他的营销团队的公益行为。"我和我的团队只是公益行为的组织者，社会上有爱心也有钱的人其实不少，只是他们往往缺少时间和平台，或者没人组织公益活动，或者对组织不够信任，我们用自己的爱心和信任去搭建这样一个平台，这个平台连接着社会各界有善心的人士。"自从捐助岑溪小学以来，吴晋江时常接到陌生人的电话，各行各业的很多人都表示特别想参与其中，为那些孩子捐款捐物。吴晋江相信，他们的行为的影响面将会越来越大，带动更多的人参与。

"在我们团队内部，这项活动所带来的影响也是巨大的。提高的不单单是团队的凝聚力，更有团队的品牌和伙伴们的思想层次。"吴晋江说，这3年多时间里，团队的业绩有了更大的提升，"客户对我们的认知度在这件事情之后又有了提高，很多客户都纷纷踊跃加入到我们这项活动之中。客户做慈善满足了他们内心的愿望，我们的活动使他们的内心需求转化成为价值的实现，反过来，这对我们的业务提高也有着大的推动。"令吴晋江最感欣慰的是，他知道，持续的爱心行为可能将会演变成一种使人尊敬的品牌。

吴晋江妻姐家的孩子已经上初中了，在学校开班会的时候，孩子特别向班里的老师和同学介绍了捐助学校的公益事迹，孩子的讲述立即在班里产生大的反响，全班的师生都被深深触动。仅在这次班会上，全班就向岑溪小学捐助了1000多元。岑溪小学在收到这笔情真意切的捐款后，特别向学校回寄了饱含深情的感谢信。这件发生在孩子们之间的事使吴晋江心灵备受震动，"孩子们的行为让我非常感动，我们正在做的事情已经影响到我们的下一代，在这样的过程中，我们的孩子懂得了世界的不同，懂得了该如何关心和帮助他人，这是对孩子最好的教育。"

对于自己和团队的捐赠，吴晋江有着满含哲学意味的思辨："捐赠最重要的不是你帮助了别人，而是救赎了自己。"他认为，去帮助别人的人不要太在意对方的回馈和感恩，更不要对受助者提过高的要求。"我有机会和能力去向别人奉献爱心，我已经很知足了，我就只想把我们的活动做到底，做得更完美。对于受助者是否感恩我，我现在真的一点都不在意。"

联系到自己的事业，吴晋江认为，保险本身就是对社会回馈财富，保险人做些慈善，不仅在提升自己的人生境界，更可以提升保险人在社会上的地位和形象。他以自己举例，"我现在在邻居中有着更新的形象，更重要的是，我周围的人们对保险有了正面的认识。许多邻居由此不经意间成为我新的客户，我业务的开展也更加水到渠成。人们过去对保险从业者有一些不客观的看法和想法，也正因为我和伙伴们的行为而悄然改变，这也是我最感到欣慰的地方。"

修葺一新的校门两侧写满了爱心人士的名字。

"有保险为我们服务，这是我们的荣幸"

2010年9月29日，吴晋江与团队骨干人员带着一个特殊群体再次赶往广西岑溪，这也是吴晋江第四次前往他时时惦念的地方。这个特殊的群体是吴晋江住在深圳东海岸的邻居们。正是这些邻居们的慈善晚宴和义卖会，更大程度充实了慈善基金，使得孩子们的学习和生活条件得以尽快改善。邻居周小姐说，"在地震之后，我们一直想寻求可以信任的慈善项目能够帮助远方的孩子，当我接到吴晋江的电话时非常振奋，很愿意将自己的爱心和财物投入到慈善活动中，而且我们的孩子也在家长的慈善行为里受到非常大的教育。"在此次行程中，邻居的孩子们与岑溪小学的孩子们相聚甚欢，孩子的纯真使他们一相逢就成为仿佛熟悉多时的好朋友，很多孩子们迄今还保持着书信交流。

"正是这样的公益行为使我们的孩子知道世间的甘苦。"邻居刘薇女士相信，这影响到的不仅仅是孩子，"在这样的过程里，我们这些做父母的也得到心灵的自省，而我们的孩子会更懂得关爱他们的父母和家人，无论是对于那些被捐助的孩子，还是我们的孩子，都将使他们得到立体的改变，将会影响到孩子今后人生的选择。"

由于为希望小学长期地劳心劳力，加上繁冗的日常工作压力，吴晋江在这次旅程中病倒了，他连续两次入院输液。然而他的内心是踏实和满足的，他看到自己的理想正在开花，他看到自己的行为正在对周围的人们产生影响，他为自己能为这个社会良善和美好真诚的奉献而欣然舒心。他知道这样的旅程将无限延展在他的眼前，他为此深深幸福着。正如刘薇女士所说，"现在我最大的改变就是对保险印象的改变。真正有理想的保险人都是先做爱心事业的。保险是服务，更是奉献。就像我们在山村里正是以保险而播撒的爱心种子。保险从业者的伟大意义正是在于他们为我们栽种一棵树苗，当我们在乘凉时，他们却不一定在享受。有保险为我们服务，这是我们的荣幸。"

遭遇困苦时陪伴你左右，深感幸福时却已悄然离去。这恐怕正是一个满怀热忱、深沉的爱与良知的保险人生命旅程中的人生信条。

记者手记：

自从供职于目前这家行业性媒体之后，随着时间的递进，我内心有一个指向性的自我约束越来越强，那就是在这个行业内，我曾经采访和接触的某些人，我再也不会去采写关于他们的报道，因为我和其中的某些人早已不再是采访与被采访的关系，我们相互欣赏信任以至长久的相互关切和帮助，我和某些人已经成为情谊深沉的至交。作为一名记者，我深知独立判断与理性观点的无比崇高和重要，所以我很难用客观冷静的媒体笔法去再次勾勒我的友人。吴晋江先生就是我所谈到的"某些人"中的一位。

这次我之所以违背了自我约束的准则，还是源于去年深秋时节吴晋江快递给我的一张光盘，它让我觉悟出如果失却这样一个报道，将是我记者生涯中的一次缺憾。这张光盘是深圳当地一个外包有线频道所拍摄的纪录片，我是在这个纪录片中第一次知道吴晋江和他的团队3年多来对广西岑溪市一个乡村小学的无私捐助和援建。从新闻专业性来看，我认为这个片子拍摄得非常失败，在我为此深感痛惜之余，也逐渐有了一个全新的采访计划，直到今天这篇报道的采写。

我们身边并不缺乏公益行为和公益事件，但这些更多的都是由组织或单位去完成和实践的。而吴晋江和他团队的伙伴真正的身份依然是保险企业外勤的个体营销员（无论团队的人数多少，他们其实都是个体的自发组织），个人对公益事业的专注与投入，正是这件事情本身特有的新闻意义和价值，而且他们这样的个体公益行为已经坚持了3年多，不得不让我感到事件背后的厚重。类似于援建和捐助这样的大型公益事件，如果仅仅依靠个人去投入，这其中花费的心力和精力，还有庞杂细琐繁冗的各种事宜，是事外之人所无法想象的，这其中冷暖恐怕只有亲历者自知。

在吴晋江的讲述中，我感受到一个公益行为并无新意的开端，然而就像所有的善举并不在于只争朝夕的某一段某一刻，真正使人赞叹与钦佩的恰恰是在这样一个公益"旅程"的路上、途中的坚持，很多人休息了，很多人绕道了，往往只有很少的人还在继续跋涉，对救助者如亲人般最深沉的爱与关切，让他们不敢、不忍停下来。

我由衷地羡慕吴晋江，因为我知道他很幸福。纵然时过境迁，曾经身为教师的他依旧饱含从教的心愿和梦想，对教师、对讲台、对黑板深深眷念的情结使他一直在满怀梦想地生活。作为平安人寿深圳当地乃至全国一流的保险讲师，他今天一直在用自己的方式延续着梦想。所以当吴晋江说出"成为河六平安仁爱希望小学名誉校长是我取得的所有荣誉中最为看重的一个"这句话时，我没有觉得丝毫夸张，那正是久久流淌在心田的真情自然流露。

"帮助他人不要盼望别人的回报"，"做公益最重要的是在救赎自己"。吴晋江对公益行为的观点很深刻，对我也有着大有裨益的启悟。在这样的观点里可以看出，吴晋江把公益事业想得很透彻、很清晰，他深切地知道自己为什么而做，如何去做，显然，能够懂得此理的人必定也是生活的智者。公益事业的真谛就在于我们的付出与奉献，而不是计较奉献与回馈之间的多少。人性之中密布着人的局限性和偏狭性，对公益事业的倾注与付出，恰恰使人逐渐跳脱出人性的局限与偏狭，有可能成就高超的人生境界和气象。我不敢说吴晋江在将来的生活里一定可以完全实践他的观点，但我可以确信，他正在这个方向上昂首阔步，他正在走出自己的局限和偏狭。我也不会认为吴晋江和伙伴们的公益行为是沽名钓誉，因为作为他远隔千里却还时常密切联系的挚友，在3年多的时间里他从未告诉过我他正在做的这件意义非凡的事情。

吴晋江和他的营销团队在用一种最深刻的方式诠释着保险的真义，这样的方式正是对整个社会和大众最深刻、最有效的保险普及。作为本质为爱与关怀、感恩、服务的保险，串接起家庭、客户、邻里友人以及社会各行各业的人们，社会各界人士在保险的一线牵之间成为爱心接力的参与者与奉献者，世间的爱心在这样的循环往复中愈浓愈醇，使得每个人都成为这接力中不可断裂、不能缺失的一环。

杨红立

1973年6月14日出生。

信诚人寿资深理财规划师；

中央民族大学中文系毕业；

中央财经大学保险系研究生；

1996年~2005年：新华人寿保险代理人；

2005年至今：信诚人寿保险代理人；

中国大陆首批国际认证财务顾问师协会（RFC）会员资格；

美国LOMA寿险管理师；

美国AMA管理协会会员；

2008年被聘为搜狐特约理财规划师；

2008年搜狐冠军理财最受网友关注理财师奖；

美国MDRT会员；

大量知名演员、歌手的保险代理人。

保险的童话幻境

16年前，当杨红立义无反顾离开在旁人眼中羡慕有加的国企时，我想在更大程度上还是她的意气和倔强使然，那时她内心的执拗和自豪远远大过了她对前景的迷惘，作为彼时涉世尚浅的她显然并没有真正领悟到这样的告别将有着怎样的意味，将会怎样改变自己人生的航向。正如今天杨红立追忆16年前的往昔对我说的："那样一种不辞而别让我开始了人生的冒险之旅。"

冒险从一无所依中起程

其实我们更多的人在生活中是少有险境的，因为我们总在极尽所能地规避人生境遇中的重重风险，我们从而获得踏实淡然却少有令自己惊叹的华彩绚烂的生活。也许人生最美的风景几乎都隐在风险之中，正可谓"无限风光在险峰"。在冒险之旅启程时，相信心高气傲、家庭和教育背景都不错的北京人杨红立并没太多心思去设想16年后的自己，因为她很真切而强烈地感受到了人生的残酷。"我到人才市场去找工作，发现除了保险业几乎哪个行业都不要刚刚毕业的大学生，几乎人人对我拒之千里，没有工作可以容纳哪怕让我尝试，只有保险公司的人对我是欢迎的。"这样的云泥之别，使对保险毫无概念的杨红立萌发了对保险行业的兴趣，尽管这样的兴趣生发多少显得有些逼迫。

"我和国外留学的几个朋友交流才知道，保险在国外已经很成熟，而且成为人们日常生活中重要的内容，不可或缺。而保险在中国刚刚起步。我认为进入保险我可以把握先机，抢占市场，有机会出成绩。"杨红立同样义无反顾选择了保险营销，她说她给自己两年时间做出样子。我相信她当时的决心，但我也知道年轻的杨红立并没完全清楚保险销售路上更多的内容。

16年前，她，杨红立，没有多余的选择，也没有什么可以再失去的。

梦想是自己的主人

多年之后，杨红立始终不曾忘怀那些在寒夜里温润呵护过自己儿时的梦，"那些梦每每总和童话世界有关，我那时仿佛特别喜欢做梦。"童话正是相对现实的存在，而梦如同那些飘逸天外的气球在锋利的现实空气里如此飘渺易碎，杨红立依然心怀着梦，但锋利的现实使她不会再大声地把梦告诉别人。

"我的展业历程差不多可以分为三个阶段，第一阶段艰苦创业（扫楼阶段），第二阶段幸运之光（有幸敲楼走进明星艺人经济圈），第三阶段用心经营（抓住机遇，服务至上）。"比起成功时的欢悦，更使人铭记的往往是过往的困苦，"第一阶段的时光最令我刻骨铭心，"杨红立用两年的时间扫完了

北京二环所有的住宅楼。这样的坚持，这样的卑微的梦只属于她一个人。"我当时想象着每扇被我敲开的门将为我展现怎样一个奇异的童话世界。"从房主人的家具布置、设计、家庭环境到卫生，都激发着杨红立很多的揣测、思忖，"我常常从每扇被打开的门后的诸多细节分析着很多关于房主人的猜想，甚至判断他们对生活的态度。"那段时光固然是疲惫和困顿的，但杨红立没有停歇脚步，她心里的童话世界时常将她从无情的现实中救出，由此她的梦活了下来……

勿以单小而不为

在业绩已卓越斐然的今天，杨红立依旧饱含着对保险营销的热情和兴趣，"我现在对自己依旧是工作日中一日4人次陌生拜访的硬要求，这不仅是我所坚持的展业，也是我每天学习和完善自我的过程。"在与不同人的交往中，她在丰富历练着自己。她由衷感到对这个行业的热情使得自己对生活充满热爱，对美好生活满怀希望。"高绩效的业绩来自我对保险意义的执着，我认为只要客户买了一份保障，我就照顾了一个家庭，积累了一份功德！"

杨红立认为自己常年保持高绩效是因为有非常好的时间观念和良好的工作习惯。"我现在展业中遇到10个准客户，可以促成9个签单。"她说这样的自信正是来自自己的专业和亲和力。"我会给自己定年计划、月计划和周计划，注重综合素养的提升和培养。"杨红立现在已经不再需要为钱去奋斗了，她感觉现在催促自己不懈努力的是保险使命。

杨红立现在将更多的精力和时间花在开发艺人市场上，但正是保险的使命感令她依旧如往昔一样珍惜身边每一个普通客户，即使是一张数额很有限的小单。她曾经在劳务市场坐在一辆平板三轮上向一个拉家具的师傅解析着他所必需的保障；她曾经几次跋涉燕郊去和一个年轻外来务工小伙细致交流如何通过保障自己的未来，同时用保障回报父母的养育之恩。尽管类似这样的展业只是几百元的小单，路途劳顿，但她依旧情愿竭尽全力去关照自己所知的每一位需要保障的人。

学习力决定事业生命力

分析目前国内保险市场的产品，杨红立坦率谈到了自己的观点："我觉得我国现有的保险产品过于单一，而且保障种类的产品比重偏少，我认为险企应该多多开发一些保障类的保险产品。"她认为保险企业、保险代理人和消费者现在都存在一定需要端正的思维。"公司现在过于重视储蓄理财类的产品了，而客户购买保险的功利心太强，代理人在保险销售时又往往会单一地用理财产品去诱导客户，这并不是保险最本质的意义。"

　　杨红立将选购保险形象地比喻成穿衣。她将有关意外和健康保障等产品比喻成内衣，"这是我们最根本最需要的，"而养老产品是外衣，投资理财型产品相当于我们满足日常生活后的奢侈品。针对现今市场非常火热的理财型保险产品，杨红立态度鲜明，我不建议用保险去做理财和投资。"她认为，保障是根，金融是叶，根深叶茂才能长成参天大树。保险脱离了保障就像飞机脱离了航线，所以她建议客户一定要先有保障，再去做保险的投资规划，即便是去买投资类型的保险也要兼具保障功能。另外，她呼吁投保人要调整心态，毕竟保险理财产品重要的是保障功能，而目前大多数投保人购买投资型保险产品，根本不是为了获得长期的保险保障和长期的投资收益，而是把它看成了一种短期的投资工具，只关注当前的投资收益是不对的。

　　浸淫市场16载，杨红立对市场有着自己的分析和理解，"我觉得保险市场经过了大浪淘沙的阶段，已经渐渐进入规范阶段，代理人也由原来的低学历、低素质、高年龄向着高学历、高素质、低年龄进化。"杨红立个人认为，保险的外部营销环境是人们对于保险的意识越来越强，但是对保险代理人的素质和专业度要求越来越高，"现阶段正是在转型的阶段，所以我个人认为还有很大的断层存在！"对于"断层"，杨红立进一步阐释自己的认知，"'断层'既包括代理人层面，也包括我们的客户。"杨红立坚持认为，什么样的代理人将会与什么样的客户交往，"现在的代理人有八九成层次水平都不够高，低端的代理人无法进入高端客户的交往领域。而正是无法在经济和社会价值上有更大的提升，使得很多代理人心寒，干脆选择了放弃继续保险营销。"而对于客户，杨红立认为同样存在着"断层"，"低端客户缺乏足够的经济能力为自己提供所需要的保障，而高端客户却缺乏足够的保险意识。"

　　一路走来，杨红立已经趋近保险营销的巅峰，对于她的营销伙伴们，她说自己有一个强烈的心得想与大家分享，"这么多年的营销历程，让我懂得了保险代理人的生命力恰恰在于他的学习力，这种学习力是在时时寻求创新与改

变。"她认为，在越发激烈的保险市
场竞争中，代理人应该加强自身的修
养和专业的学习，应该加强自己的道
德和责任心的建设，实现这些提升和
完善，应该多多学习，多考取一些和
保险相通、与保险有关的执照，让自
己除了保险专业之外还有一技之长。
"我们应该珍惜一切可以学习的机
会，不仅仅把眼界放在本行内，比如
育儿、养生、法律等等与保险紧密相
关的领域都应是我们努力学习和认知
的方向。"

有好生活才有好事业

对于自己的业余生活，杨红立格
外看重，"我的业余生活非常丰富，
我喜欢旅游，喜欢学习，喜欢看书，
喜欢参加各种俱乐部的活动，这些对
我的事业有很大的帮助！我有一对龙凤
胎的儿女，他们才4岁，非常需要我的
关爱，所以我的工作理念是快乐销售
保险，健康享受生活！"很多所谓事
业成功之人，他们往往将大把时间忘
我地投入在工作之中，杨红立说这并

不是她想要的生活。"将事业做好是为了收获更好的生活，没有和家人共度的好生活，再好的事业在我看来也是无用的。"周末她会沉浸在与孩子、家人共度的美好时光中，还会亲自下厨为家人们烹饪，杨红立的心愿是尽可能为家人多些用心。"家庭是我生活幸福快乐的源泉，也是我事业进取的动力。"

在保险营销业内，能够开拓演艺明星市场，成为诸多炙手可热的当红艺人明星们的保险代理人，这在数以百万计的保险代理人中还是相当鲜见的。这其中固然有着幸运的眷顾，但更多的是杨红立在这个市场开拓中的持之以恒辛劳的付出，也正是她展示和体现出令人感佩与尊敬的表现，才赢得了那些艺人们的认可和信任。

明星艺人群体对于整个社会有着深远和强烈的影响力，他们出险理赔的概率并不低，而有关他们与保险、理赔等有关的任何事件都会在社会上产生不小的新闻效应。同时，他们的投保会激发身边更多人对保险的了解和认识，客观上大大推动保险在社会上的深化。

为保险而生

16年来，杨红立已经把自己的生命融入到保险里了。"保险不仅是我的事业，更是我人生的追求，我感觉我是为保险而生的！保险改变了我的性格、观念，让我学会了包容、感恩，让我不断地在提高和成长！"除了物质上的富足，杨红立深刻感受着保险对于自己精神世界的改变，保险让她收获了许多朋友，让她有了无限人脉的拓展，让她学到了方方面面的才识，让她的修养和综合素养得以完善和提升。杨红立已经为她的客户们提供了更多更好包括保险业外的服务，用她自己的话说，"保险让我的自我价值获得满足。保险给予我宽阔无限的舞台和热烈的掌声。"

对于自己满怀理想与热爱持之以恒追求的事业，16年之后的杨红立似乎有了更深透的领悟，"保险是我们生活中的必需，与我们生活密不可分，保险是工具，是能够帮助我们解决人生中很多风险的工具，它让我们在风险面前留爱，不留债！"说起自己最大的心愿，杨红立显得很动情，"保险是我的梦想，我要在有生之年完成自己照顾一万个家庭的梦想！我坚信在我退休之前，一定能看到中国保险业的春天。"

自小耽于梦想，心痴童话的杨红立正亲历在她生命里最为心动的童话情境之中，与以往不同，令她无限守护和珍惜的是这个童话正在由她自己著就……

一语中的

保险是我的梦想，我要在有生之年完成自己照顾一万个家庭的梦想！

——杨红立

陈立祥

台湾保险界传奇人物。他曾做童工，靠拆换车牌，养活了不识字的母亲和六个弟妹。创办过前台湾最大汽车驾驶学校。其他丰富的工作经验包含：送报生、送货员、送米工、工商调查员、司机、捆工、驾训班总教练、大楼管委会主委……及各大专院校慈幼社顾问。常年坚持慈善公益事业。

1998年进入台湾富邦人寿成为保险代理人。现为富邦人寿处经理。

富邦人寿国外高峰会议十连霸。

富邦贵族亲王（连续36个月入围名人堂）。

他的信条：挫折是老天给人的最大礼物。

他的好习惯：每天立志快乐。

他的口头禅：欢迎找我麻烦。

受人欢迎比成交更重要

命运遭逢急转弯

方磊：您是在什么背景下进入保险代理人行业的？

陈立祥：服完兵役退伍后，我原本打算以开出租车维持生计，无奈视力不合格无法报考，所以只好打消念头，转而成为汽车驾驶教练，最后成立了自己的驾训班王国，也累积了人生中的第一桶金。

我把赚来的钱，投资了同一栋大楼内的十几套房屋，想像着日后靠租房为生的快乐人生。然而造化弄人，1996年，突如其来的一场大火，烧毁了这十几套房屋，让我的毕生积蓄化为乌有，甚至负债千万。虽然大火让我瞬间破产，但所幸家人都还安好。此刻的我，深切顿悟到保险的重要性，因而立志要转换跑道，从事"利人利己"的保险事业。

为了一圆心愿，我跑到书店翻书，想对保险行业有多一点的了解。幸运的是，我找到了一本陈正明部经理所著的保险书籍，读毕内心深受启发，于是便逐步结束一手创立的"花旗驾训班"（当时已是全台湾最具规模的驾驶学校），毅然投入保险业，展开日后一连串"把梦想变传奇"的保险生涯。

方磊：您在保险代理人行业内的成熟与发展分为哪几个阶段？

陈立祥：初入保险业的两年，我经由摸索、学习、锻炼一路走来，尝试运用过各种销售策略与方法，并仿效生意人的创意方式展开异业结盟，在短时间内缔造出惊人业绩，从模范练习生变成最佳营销员，月月保费破千万，还被总经理封为"千万祥"。因为自知中年转战保险业，起跑点较其他同事晚，不敢挥霍片刻光阴。在短短两年内，我开车转战南北，光是里程数就累积到十四万公里，换算起来，足以环绕台湾一百六十圈，比开车载客维生的出租车司机还更多。

凭借着拼命三郎的精神，让我在入行短短的27个月后，就破格升任处经理。怀着一颗感恩的心，我成立营业部并积极增员，身兼保险代理人和团队经营者两种角色，期望能将毕生绝技传授给有志之士，直到今日，我依然身先士卒，在第一线"带兵打仗"。

古训有言："金银有价爱无价，金玉良言传天下。"最近几年因为我的战力旺盛、战功彪炳，所以很荣幸地经常受邀至两岸与星马华人世界，分享自己的销售秘诀与成功经验。每每月底业绩结算后，就会安排分享活动并顺便休闲散心。此刻，个人的心情写照是："家业有成似近天，满腔热血从未减。剩余价值尽奉献，望见人人皆欢颜。"

方磊：您认为自身哪些品质和行为使您收获了今天诸多荣耀和成就？

陈立祥：我相信如果要让世界看到你，最好的方式就是制造焦点、引起注意。我常告诉大家："不要想太多，举手就会成功。"

学生时代，台上老师问："自愿当班长的人请举手。"我毅然举手，大声宣布："我愿意！"后来就因为担任班长一职，能够与师长有良好互动，因此得到很多宝贵的学习经验。进入富邦后，在一次区部大会上我把握机会，举手为自己争取发言权，让公司主管注意到我这只初入行的"菜鸟"，继而将我列为重点培训人才，爱护提携有加，帮助我成就了今日的保险事业版图。

我常想，如果不是我常自告奋勇，尽可能地找机会服务别人，又怎能彰显出个人价值、提高自己的能见度呢？所以我演讲时的开场白，经常是："请大家记下我的电话号码，欢迎找麻烦。"

"施比受更有福"

方磊： 在进入保险业之前您有着丰富的社会阅历，也从事过许多行业，您认为那些曾经的经历对您今天的保险事业有着怎样的影响和帮助？

陈立祥：我相信"人生不是得到，就是学到。"我也相信"凡事发生都必有其目的，并且有益于我。"

回首过往，我衷心感谢儿时贫穷困顿的环境，让我能够更坚强、更卓越；感谢初出社会时没能考上出租车师傅，后来才成为驾驶教练，并开办了全台湾最具规模的驾驶训练学校；感谢1996年的那场劫难，让我顿悟到保险是助人利己的事业，让我能下定决心，转行从事永远不被淘汰，需求量只会增加、不会减少的"朝阳行业"（金融保险事业）。

方磊： 您今天收获了许多辉煌业绩，有哪些心得和感悟是特别想与伙伴们分享的？

陈立祥：1. 始终坚守第一线带兵打仗：经营团队，我始终坚持要和伙伴们

站在一起，亲自走上前线，带兵作战。唯有如此，我才能真正了解市场现况、了解客户需求，以及伙伴们需要协助的地方。

2.为更多有志者构筑财富蓝海：我相信保险是项可长可久的事业，一家优秀的保险公司，除了能帮客户做好避险与理财规划之外，还能让业务员从中赚取高额报酬，构筑财富蓝海，一步步实践自己的理想人生。

3.乐于分享，助人成功致富：我常说，做保险就像打棒球，要讲求策略、方法，更要不时检讨、激励、改进。教练的工作，就是让每位队员能够肯定自己的存在价值，把球队的战力发挥到淋漓尽致。在上下一心，追求个人成功与团队成功的气氛下，单位同仁就会自我冲刺、自我要求，很快就能达到成功致富的目标。

4.争名夺利是为了帮助更多人：我常叮咛业务员每天都要"争名夺利"——因为争到名，讲话别人就会愿意听；夺到利，才有资源能用来帮助更多人。如果业务员"争名夺利"的出发点是为了助人，是为了创造出其他人的快乐与希望，自己就会每天充满斗志，信心十足，世界也会因为他们的存在而愈来愈美善。

方磊：您常说"施比受更有福"，如何理解您的这个观点？

陈立祥：我在学生时代就是位热血青年，经常想着要行侠仗义、帮助他人，为此参加了许多大大小小的服务性社团，每每能从他人满足喜悦的笑颜中，体认到"施比受更有福"的真谛。

我认为一个人是否富有，不在于银行户头中有多少数字，而在于他有没有"给"的能力。我经常以"日行一小善，福报一大段"来自我激励，每天都要有善言善行，即使只是说好话、逗人开心，也是成就好事一桩。例如，遇见50岁的人，我会问他："您快40了吗？"对方回答："我已经50了。"我会用赞叹的眼神看着他，说："这不可能！"如此，往往就能让对方高兴好几天。

尤其对保险工作者而言，一定要记得成交固然重要，但逗人开心更重要。因为销售是有甜度的，快乐才是通用于全球的终极货币。

方磊：请您谈谈台湾保险代理人目前的事业环境，保险销售是否变得越来越难？

陈立祥：很多人认为，台湾的保险投保率已经超过230%，保险事业肯定很难推展吧！

没错，真的很难！开发难、销售难、增员难……那么，究竟要怎么做才不难呢？答案很简单，那就是："常常做就不难了。"因为机会总是包装成困难的模样，出现在你我的面前。如果大家都认为保险好做，就会有众多的人都来抢夺这块大饼，那我们岂不是更难做、更没有成功的机会？再换个角度思考——一个地区的投保率越高，代表当地认同保险的人越多，民智大开，所以我个人认为保险事业只会越来越好做，何来难做的道理？

方磊：请您谈谈您对大陆保险业发展的感受，以及大陆保险代理人在工作和生活中与台湾保险代理人的差别？

陈立祥：大陆保险人的好学心与上进心，真的让我既感动又赞叹！相信假以时日，必然能够领先全球。

台湾方面，据我观察后发现，能够把保险做得好的业务，秘诀就是从来不当自己是"保险代理人"，而是把自己视为"老板"或"保险生意人"——唯有不把保险当成混口饭吃的差事，而是把它视为自己的事业甚至志业来经营，愿意为自己的绩效、财务报表、营运状况、公司治理等大小事负起全责时，才更有机会迈向巅峰，成就非凡境界。

保险代理人的"战场"在销售行为之前

方磊：在陌生拜访上请您为我们分享您的经验。

陈立祥：以下举出几则我曾用过的方法和好朋友们一同分享：

1. 初入行时，我会在发给客户的名片上打洞，目的是为了引起客户好奇心，顺便创造话题。当客户追问究竟时，我会这么回答："你知道吗，大部分人的财富都有漏洞，就像这名片孔一样。而我的出现，就是为了帮您守住漏洞，以防止日后漏财的风险。"通常客户会觉得我的回答很妙，就愿意多花几分钟听我讲话。日后，只要提醒客户："我就是那个'打孔名片'的经理"，对方立刻就能回想起来，忘也忘不了。

2．初入行时，只要收到喜帖，我就会包礼金参加，并逐桌帮人拍照，然后借由寄照片的名义，成功搜集到对方的名片或联络方式。有一回，因为酒店餐厅太多喜筵，我不小心给错礼金、跑错场子，但奇妙的是，居然从头到尾没人阻止我照相或是赶我走。于是从此之后，我每个月都会"不小心"跑错一场，然后以拍照和寄照片为由，收集到许多有效名单。

3．初入行时，我固定每周都会到医院发传单，在上头放些笑话和文章，给那些排队无聊的人阅读解闷。后来，我发现医院里最闷的不是病人，而是每天得面对大排长龙、愁眉苦脸患者的医护人员。于是我心生一计，干脆自己挂号进去逗这些医护人员开心，也因此开发出许多医界的保险客户。

方磊：请您与我们分享如何做好售后服务的经验。

陈立祥：代理人在推销时，经常会拍胸脯给客户保证："我们家的售后服务最好。"殊不知，这么一说很可能造成反效果，让客户听了之后害怕到不敢跟他买保险。试想——"售后服务最好"，不就意味着跟他买保险最容易出事，所以才需要让对方好好地替自己"售后服务"一下？

其实，我认为保险代理人的战场，并不在推销的当下或售后服务，而是早在销售行为之前就已经展开。我认为行销就像选举，如果没有平时的勤跑基层、广结善缘，哪能期待来日的开花结果、水到渠成呢？所以，我向来主张对客户推动"售前服务"，也就是"以服务代替销售"。从日常生活小事做起，例如帮客户代买戏票、车票、机票、生日花束，或是帮客户办理车险、火险等服务性质的保单，待累积彼此信赖关系之后，才开始介绍其他险种，做到"产险出发，寿险开花"的目标。

也就是说，业务员平日就应预先做好对客户的"售前服务"，等到对方有保险理财需求时，自然就会第一个想到你。

方磊：如何与客户相处？如何与伙伴相处？

陈立祥：我的座右铭是"人生以服务为目的"，为了贯彻实践这样的理念，在从事保险业时，我也期许自己做到"以服务代替销售""以服务代替领导"的愿景，并以此信念维系与客户及伙伴的关系，期盼能创造出更多人的快乐和希望。

我常说："经理的存在是为员工和客户服务的。"因此，我要让第一线同仁清楚明白，当他们在外头奔波打拼时，还有经理在公司当靠山，能随时给予他们最大的支援。只要还有同仁在作业，我必然是"舍假期陪君子"。业务员随时打电话回来，经理都在；客户需要什么帮忙，经理马上到。

这么多日子以来的相处，客户和伙伴早就已经不把我当成好朋友看待……而是真心相待、不分彼此的一家人。

投身公益使人"发现自己的存在价值"

方磊：您常说"用正确的思维方式做事"，该如何理解并做到它？

陈立祥："从事保险业多年，我归纳出一些重要的成功心法，要赠与有缘人分享，那就是："相信奇迹，必有奇迹。""凡事皆正面，能量永不变。""对工作努力以赴是不够的，要迷恋工作、享受工作。""钱不是靠赚来的，而是靠吸引来的……因为当你想赚人家的钱时，人家会想要你的命！""有梦最美，希望相随。但人生光有梦想是不够的，要把梦想变成传奇才更有劲道。"

方磊：您经常参与公益慈善活动，参与这些活动对于您人生意义有哪些？

陈立祥：自始至终，我参与公益慈善活动的最大目的，就是要"发现自己的存在价值"。这是因为我始终把"人生以服务为目的"奉为信条，我相信唯有服务别人，才是找到人生目的，才能发现自己存在的终极价值与意义。

当大家齐心协力，共同为公益慈善活动发挥一己之力时，不但可彰显出个人的存在意义，也能以行动证明保险事业利己利人的价值所在。此举，可使保险人员更认同自身的志业，也能使社会各界更肯定保险业的贡献。让施与受双方，都沉浸在幸福与感动的氛围当中。

方磊：您的业余兴趣和家庭生活是怎样的？它对您事业有怎样的影响？

陈立祥：我最重要的工作不是当讲师，也不是当保险业领导，而是当个专职爸爸、专职儿子。

我育有2男1女，都是刚踏出大学校门的社会新鲜人。虽然他们不太会读书，但却很有才华，毕业后就朝着艺术家、设计师的梦想前进。我的教育方式是给他们平台发挥，不给框框限制。我不会勉强孩子要跟着我一起做保险，因为我不希望剥夺他们的自由与热情。我跟老婆、孩子们相处得非常融洽，每天全家人都会聚在一起，互相搞笑、娱乐对方。我最大的乐趣就是假日到市场买菜，烧几道拿手料理全家一起享用。

我的父亲长住香港，目前已有90高龄。我们父子俩每天都会通电话。每月月初，我会安排一趟大陆演讲行程，顺便进香港陪父亲吃饭聊天直到深夜。

方磊：展业中有哪点是您特别想与大陆伙伴们分享的？

陈立祥：我们都应学会倾听。若是我们能听懂50%的客户心声，就能相对得到50%的成交机率；听懂90%客户心声，就能得到90%的成交机率。所以在学会说之前，要先学会听。虚心受教，把自己当成学生，有不懂的地方就勇于发问。因为提问可以筑一道与客户之间的桥梁，一直讲解只会筑起一道与客户之间的高墙。

方磊：有哪些心里话是您特别想与大陆伙伴们说的？

陈立祥：且让我们齐心努力、打造传奇，把保险的光与爱照遍祖国大地每个角落吧！

一语中的：

人生以服务为目的。

——陈立祥

哈利·霍比斯
Harry Hoopis（美）

在保险及金融服务业的世界里，他已经建立了自己的综合性金融服务机构，同时，他也是Hoopis Performance Network公司的总裁兼CEO，这是一家在金融服务行业中培养领导力和销售培训的机构。

2010年，哈利成为西北相互保险公司著名的丹尼斯.塔马森职业成就奖的获胜者，荣获罗伯特·坦普林奖，并且每年都获得一个大师奖。在2003年他还被纳入GAMA的名人堂。在许多行业会议的演讲者中，他已经成为特定的人物，而且他是畅销书《The Power of Coaching: Engaging Excellence in Others》的合著者。他是GAMA刊物管理发展栏目特约作者之一。

哈利是保险和投资顾问国家协会的热心支持者。他是GAMA国际的前任总裁以及GAMA基金董事会前任主席，西北相互保险公司的常务合伙人协会前主席。同时，他慷慨支持寿险和健康险教育基金（LIFE Foundation）、美国大学和其他旨在发展保险和金融行业的非营利机构。

小杂货店里建筑大宫殿

曾经不止一个财经金融圈内的大人物告诉我，哈利·霍比斯是一个令人崇拜、有远见的人。在过去的30多年里，他已经建立了自己的综合性金融服务机构，拥有超过180个金融代表及销售了面值超过300亿美金的有效人寿保险。如果是一家保险公司的话，这个数据可以排进所有保险公司的前8%。这让哈利·霍比斯成为在保险及金融服务业的世界里一个必须提及的人物，我想这足以令人崇拜。

心愿从小杂货店里启程

1968年时的哈利·霍比斯没有想到过将会有一座属于自己的保险宫殿。那时他就读于美国罗德岛州大学，他只是努力学习想成为一名会计，正如他向我提起年少时的理想使我体会到一股脉脉温情和回望青春时的感动，"如果我没有进入保险业的话，我最有可能会当上一个会计。这有很大可能导致我拥有我一直想拥有的自己的事业。我父亲有个小杂货店，我年轻时全家人都在小杂货店里工作。他为他拥有的杂货店感到非常自豪，尽管它需要长时间的工作才能维持下去。但他给了我启发，我知道我将来也会拥有自己的事业，只是还不能

哈利·霍比斯与夫人。

确定是什么样的事业罢了。"

像父亲拥有自己的小杂货店一样拥有属于自己的事业，倾注了哈利·霍比斯最初的热忱和执着。尽管作为没有资本的穷学生，他仍需要找一份兼职来赚钱付学费，然而他没有想到他专注而投身的事业并不是会计。他在奔赴梦想的路上意外拾到一把叫"远见"的钥匙，打开了一扇陌生而神秘的大门，眼前是一片满是神奇风景的广途，这样未知的旅程深深吸引了他。几十年后的今天，他懂得那才是他心灵的真正梦乡，那扇门后的世界叫保险。

"我进入保险业的时候我还在读大学。那是1968年，我即将毕业的最后一年。那时我正在学习成为一名会计，而且需要找一份兼职来赚钱付学费。在我的会计课程上，我正好学过保险的重要性。那是一节叫作'人寿保险——资产负债表上的一种资产'的课程。因为我对寿险了解非常少，所以这引起了我的注意。后来我去了我们校园里的就业安置办公室看到一个牌子上面写着：销售保险兼职。因为那节课的内容还一直在脑海里，于是我参加面试并且被聘用了。那只是一个为期10周的暑期工作，但是我非常喜欢这份工作。在大学期间的最后一年里我一直为那家公司卖保险，对于现在来说就相当于实习生，但是在1968年那个年代来说，那是一个兼职的工作。"我想哈利·霍比斯与保险结缘是因为对保险缺乏了解，而也正因为此他对保险萌发兴趣。好奇、求知、勇气与梦想成为他踏入保险王国最初的行囊。

在哈利·霍比斯大学的最后一个学年，他都在销售寿险，而且他并没有耽误学业，这一年他也拿到了他的会计学位证书。"不过由于我做兼职代理人时的杰出表现，被要求毕业后留在公司任职。我做了一年的全职销售，有资格成为百万美元圆桌会议的申请人。然后我得到了工作的机会，去招聘大学生代理人，就像去寻找那些之前的我。"

哈利向我表述那时他的工作状态是一边进行招聘工作，一边继续进行寿险和残疾收入保险的销售。"在1972年，我成为一个区域经理，有一间自己的办公室并且开始招聘全职代理人及大学生代理人。"在两年半之后，总公司要求哈利加入他们的一个管理开发项目。"接下来在总公司工作了三年，我被任命为芝加哥的总代理，拥有一个大约30个左右代理人的办公室。"那时的哈利仍然只是一名青年，他所寄望的对理想的探寻与追逐才刚刚上路。

"绝不打酱油"

凭借他的聪慧和勤奋，哈利的命运在他的而立之年赢得一个更大转折，一个全新的充满美妙、神奇和冒险的旅程就在脚下。他成为Hoopis Performance Network公司的总裁兼CEO，这是一家在金融服务行业中培养领导力和销售培训的机构。"我在30岁时被任命接管了我的机构，在当时是曾经被任命的最年轻的人之一。"因为在总公司的那段时间，他参加了一个LIMRA的营业部经理培训学校，多年来养成的良好工作习惯让他知道制定计划的重要性。"我分别制订了1年的、3年的、5年的、10年的计划，当然它们都建立在相互都能实现的基础之上。所以我知道我具体需要构建一个什么样的机构。我要控制我机构的增长。要确保我使用的人都是一些合适的人，一些更容易有机会成功的人。"哈利具体分步骤的工作筹划显然不是程序性的模式，各计划间起承转合，相互有机衔接交融，在这些计划中哈利努力把控自己最佳的跋涉脚步，这让他走得更协调自如、从容轻快。

哈利告诉我，他选用人才有着自己推崇的准则，"我想把时间花在我相信能带来成功的一些新人身上，我不希望我选用的人好像是打酱油的，就卖几份保险给亲戚或者朋友，然后就辞职。""绝不打酱油"这仿佛正是他一生做人做事的信条。

在总公司工作的经历使哈利认识到了代理人甄选的重要性，由此他决心使用LIMRA的职业性向管理系统。"我决定我只招聘那些在系统中获得高分数的人。"因为在哈利看来，与成功的人在一起工作将更有活力，更能互相激励。"接下来，我想进行我所能提供的最好的培训。"哈利聘请了一个优秀的培训师。"他比我更擅长培训，而且乐在其中。就是这个时候，我体会到了合适的人要待在合适的岗位上的重要性，这点始终贯穿我的整个职业生涯。"在我看来，"合适的人要待在合适的岗位"其实就是借力使力的本领和谋略，这已经超越了单纯的某项技能，需要深厚扎实的人脉，高远而融会贯通的运筹帷幄。

到哈利2012年5月退休的时候，他已经拥有了将近400亿美元的寿险生效保单。"经过对生效寿险保单在行业内统计，我得知我的机构排进了前10%。"

2010年，哈利成为西北相互保险公司著名的丹尼斯·塔马森职业成就奖的获胜者。此前他已经得到过为管理发展所贡献而颁发的罗伯特·坦普林奖，并且每年都获得一个大师奖。在2003年他还曾被纳入GAMA的名人堂。

以哈利一生的成就和卓著的功勋来看，各种奖项对于他今天而言只是过往的见证和事业的注脚而已，但他依旧特别和我提起两个让他心怀光荣的不寻常的奖。"我很有幸在领导我的机构近35年里获得了许多的奖项。有两个是我比较在意的，一个是公司的奖项，另一个是行业的奖项。而公司的奖项当中我最值得骄傲的是：丹尼斯·塔马森职业成就奖，丹尼斯·塔马森引领我们在行业里前进了30年。这个荣誉是对公司全体的贡献，是名副其实的，因为公司任命的10个总代理，都是经过我招聘的或者是经过我培养的。行业奖项我最骄傲的是在2003年我被纳入GAMA名人堂。这是一个伟大的荣誉，我很高兴能加入美国这么多的名人当中，成为他们的一员。"

中国代理人的进取取决于领导力的发展

上世纪80年代，"金融网络"这个概念就是源于哈利对于一个全面的金融服务公司的富有远见的发展。在哈利的心中，金融网络在保险的行业中是相当重要的。"金融网络概念是给我们的客户在他们生活当中涉及到的金融领域提供全方位建议。它能规划到所有人，网络表现为专家网络，代理人可以用来帮助到客户。它可能会是一个养老计划方面的专家，也有可能是给代理人的客户提供专业知识的投资专家。"

据我所知，哈利长期以来一直慷慨支持寿险和健康险教育基金（LIFE Foundation）、美国大学和其他旨在发展保险和金融行业的非营利机构。这样的坚持并不是一件轻松的事情，但哈利从未有过丝毫动摇。他说作为保险业应该为这些组织的存在与付出而感到幸运和感激，"寿险和健康险教育基金、美国大学、GAMA国际、百万圆桌会议和LIMRA，它们全都向保险金融业提供支持和帮助，帮助保险金融业拥有更大的影响力。人们只会独自失败，不会独自成功，无论这些支持与帮助是一种激励或富含教育意义，我们都需要知道我们所做工作的重要性。而这些组织都用自己的方式在帮助我们。我们应该感到幸

哈利·霍比斯不仅是优质代理人，也是企业领袖。

运，能有这些组织帮助我们，并感谢所有为他们努力工作的人们。"我想哈利对自己保险事业与梦想的专注和勤勉，对他者的关爱与回馈，也正是饱含着内心的感恩情结吧。

在谈及过去30年世界环境的变迁时，哈利像许多高端保险人一样感叹世界保险业发生了巨大的变化。而令他最为关切和注意到的是"发展中国家的机遇是真正鼓舞人心的。让人注意的就是每个人是如何自愿地去和别人分享他们的知识，更重要的，很有趣的一点是那些发展中的国家更加渴望去学习。当然最大的变化就是周围出现了给我们的潜在客户提供完整的财务咨询。"销售是基于客户所需，而不是产品本身，这点是哈利所尤为强调的。

论及中国保险业，交流中始终让我感到谦逊有加的哈利更是出言谨慎，"我对中国的保险业稍微有点了解，绝不是一个专家。我想说中国的市场需求

哈利·霍比斯（右）是人们尊敬的榜样。

和那些我访问的、做演讲的国家真的比较类似。"而对于中国代理人的进取，很大程度上还是取决于领导力的发展。"好的领导带领出更好的代理人，更好的代理人导致一个更好、更强的行业。我尽可能地注重领导力的问题。其次，我要强调的是基于需求的销售是经过深思熟虑、冷静思考过的。"哈利向我介绍，在美国，LIMRA和他的公司Hoopis Performance Network，合作开发了一种革命性的新的培训计划，称为可信赖销售。"我相信这就是未来的销售，并且希望不久的将来能出现在中国。"

家庭为重 感激命运

当我请哈利阐述自己对自我的认知时，在他一直平稳沉静的谦虚内敛态度下显现出了深沉的自信，"我们都有好的或者不好的性格特征。我认为我们需要多培养一些优点和克服一些缺点。我的优点是果断、简单直接、有识人之明。我经常说：'人造就机构，机构创造业务'。"同时他相信自己也是一个积极向上做事沉稳的人，尤其是在逆境时。"我做事情向来都从容不迫。"

高尔夫与滑雪是哈利最有兴趣参与的活动，而在他看来，这不仅仅是属于体育运动。"高尔夫，让我保持谦逊。它是一种高难度游戏。滑雪，能够让我独处，当你滑雪的时候，你不会想到任何其他事情。"坚持健身锻炼也是哈利在生活里乐此不疲的。"锻炼能使我强壮、充满精力和活力。从我年轻时我就坚持锻炼，这已经是我生活关键的一部分，我每天都会坚持锻炼。"

"我真的真的是非常的幸运。"回顾自己44年的保险生涯，哈利百感交集，他甚至无法向我用言语表达出保险对他人生的影响和对他生活的改变。他对生活充满感激。

"在我的职业生涯里，我看到我对于家庭的影响是令人难以置信的。此外我对于帮助创建的代理机构的职业生涯非常满意。和我一起工作的代理人享受生活的方式独一无二，这对我意味着很多，一直都不断地促使我前进。"哈利因个人生活中能拥有世界各地的友谊而感到幸运，这样一种生活方式是他这个当年曾四处找工作的年轻大学生所无法想象的。

在事业与家庭的平衡、协调与取舍中，哈利不会犹豫，"归根结底我们的家庭是最重要的。我所做的一切都是为了帮助我的家人享受更好的生活，无论是教育，我们生活的家，还是我们喜欢的东西,这些才是最重要的。"掌握好生活当中的平衡是哈利认定的很重要的生活准则。"我的建议是设定好生活和工作的目标，努力工作之后，尽情玩耍，但不要让它们冲突。当你该工作的时候，就工作；当你该和家人一起娱乐的时候，就只娱乐。绝对不要让工作干扰到你的个人家庭时间。"

个人生活是哈利·霍比斯（右）无比重要的。

采访后记：

与哈利·霍比斯先生交流是一件令人愉悦而又会拥有深切感悟的过程，他留给我的总体感触是谦和、亲切、坦诚，从容与真诚贯穿在我们的整个交流之中。更重要的是，我从这样的交流里领会到更为深刻的内容，洞悉力、观察力、执行力，它们是在事业或梦想追求中有所建树的人的必备素养和能力。

同时哈利先生充满智慧，比如聘请更为专业的职业培训师来帮助他的企业培养与锻造专业人才，这样借力使力的思路使得他的企业经营与发展更为完善和快速。"绝不打酱油"的人生信条使他一直心怀谦恭，持之以恒的勤勉与专注，让哈利先生能赢得事业中众多的荣耀也实为一种必然。

从父亲小杂货店那里点燃了自己成就属于自己事业的梦想火种，在光亮指引下，永远脚踏实地把握着奔赴梦乡的旅程。在访谈中，哈利先生几乎没有谈论自己创业里的辛苦和波折，回望自己的职业生涯，他谈得更多的是庆幸和感激，这也是最让我动容的。可以想见，在哈利先生通向自己保险王国的漫漫旅程中绝不单单只有醉人的风景和绚丽的花朵。对于并不太友善的人，困苦的磨难和坎坷的历程，他选择了忽略和释然，对于往昔征程中遭逢的人与事他不怨不悔，留在心底的是对命运对生活深切的感恩，并且用心而竭尽所能地回报那些支持与帮助过他，对保险事业发展有所影响的人们，显然坚持做到此非常难，但哈利先生从未犹豫，没有生发于心的感激与谢意绝难实现这样的持之以恒。

"归根结底，我们的家庭是最重要的。我所做的一切都是为了帮助我的家人享受更好的生活，无论是教育，我们生活的家，还是我们喜欢的东西，这些才是最重要的。"哈利先生在向我论及家庭与事业时显现出他对家庭对亲人的无比看重，这使我们的交流充盈在温情的暖流中。工作最终是为了生活。但工作绝不应该只是一个人谋生的手段，有事业理想追求的人才是最充实最有力量，心灵最丰富的人。作为个人，我极为赞许与认同哈利先生"家庭为重"的观点。家事如天，哪怕事业之树再怎么高拔云天，家庭永远是树的土壤、水分和阳光，失却了这些，它的枯败和衰微之日就不会太远了。

霍比斯先生的10条人生原则

1.你可以欺骗任何你想欺骗的人，但如果你开始欺骗自己，那你就已经输了。

2.千万别偷懒。

3.心灵会向它认为最令人愉快的地方迁移。

4.人们总是会让你失望。

5.坏事情会同样发生在好人和坏人身上，但是好事更多地会发生在好人的身上。

6.每个人都有好的一面，而我的工作就是把它找出来。

7.活到老，学到老。

8.永远不要因为是自己的问题而让别人付出代价。

9.凡事靠自己。

10.生命是漫长的，但一定充满乐趣。

一语中的：

好的领导带领出更好的代理人，更好的代理人导致一个更好、更强的行业。

——哈利·霍比斯

特⊠推荐

曾文东

1962年2月出生，中共党员，湖南省凤凰县沱江镇
人，会计师，爱好摄影。1981年参加工作，1999年4
月进入中国人寿凤凰支公司。2000年开始担任公司
售后经理。

曾文东作品《生于1893》获中国人寿"百岁风华"
摄影大赛入围奖。

一生

生命在游走犹如溪流，在孤独、漂泊、凄婉中丰富，直至融入蓝海……

——题记

2012年12月，霏霏淫雨中，湘西凤凰古城与我有着一次奇妙的相逢。

冬季的凤凰，这个被现代化磨具篡改和涂抹得面目全非的城镇，少有的游人疏淡，潮湿清寂的古城仿佛在时光散淡的影子里掩映成作家笔下往昔时空里的那个斑驳而神秘的年代，恍若隔世。此刻与我相逢的凤凰犹如终于抛舍了胭脂粉黛的待嫁闺秀，一点一点露出文学大家笔下的真实面目。烟雨中的凤凰渐渐变得柔软，纤弱，宛若这丝丝细雨中的一滴雨珠，温婉可人而又令人怜惜、心痛。

细雨淅沥的隆冬，穿越历史而（被动或主动）驶向现代的很多物事，犹如凤凰的前世今生，都渗入浸透在时间之内，又流布漫溢在时间之外，仿佛所有的事物都在这雨声中产生关联，又彼此遗世孤立地散落在岁月的深处——荒芜或盛放……

镜头记录者

当我见到曾文东的时候，显然她已经在雨中迎候了许久，她向我表达的热情和欢迎自然平实，一如我对她的最初感受，一如她的摄影作品《生于1893》。

作为凤凰县城地道的"土著"，凤凰这座伴随着曾文东生命休戚与共的城镇，那些她最为熟悉的人情风物依旧常常令她真切地动容，她学着并喜爱上用镜头记录着种种感动。

往日，曾文东穿行在凤凰古今交汇的街道上，比起这里的如织游人和闲适的住户，她的身影显得奔忙而急促。作为中国人寿最基层的保险代理人，她的工作庞杂、琐碎、重要，她不仅要兼顾着自己的业务，还承载着自己所在的整个营销团队的客户售后服务。尽管每日里与重重的公文包、工作袋相伴，但曾文东却不曾感到日子的呆板和干涩。因为有自己心爱的相机相随，她收获和留驻了许多寻常生活里的光彩与心动。

也正是进入保险之后，真正激发了曾文东对摄影的钟爱和热忱。会计出身的曾文东最初与保险结缘时，身份是中国人寿的一位客户，因为对自己同乡保险代理人（现在自己营销团队经理）刘先莲的为人和工作精神的钦佩和尊重，赢得了她最初对保险的亲近与信任，在1999年被刘先莲成功增员，现今已是一名行走在寻常巷陌间的老保险营销员了。在伙伴们心里，曾文东绝对是一位不可缺少的人物，她不仅承接着团队伙伴营销中起承转合的客户服务工作，更是他们奔走在基层营销路上的记录者。无论是日常的早会还是公司里重大的活动，曾文东都被人们看作是最可信的摄影师，她的镜头为伙伴们和自己珍藏着营销路上的苦乐年华和可贵的记忆。

"原先我来保险公司是想做一名会计，但现在却成为最前线的营销员，我真的感到很幸运也很幸福。我现在离不开我的工作，也离不开我的客户，我和我的客户相互依赖。"幸运、幸福、依赖，不善言辞的曾文东用一张张方寸之间的影像倾情地表达着。

"摄影是用相机创造美的过程，也是欣赏美的过程，爱生活，爱美，爱事业，爱伙伴，乐于分享，是我喜欢上摄影的原动力。寿险营销生活丰富多彩，团队活动中伙伴们动情的表现让我情不自禁地举起手机拍下那些精彩的瞬间，每次大小活动记录下来，既激励了自己也激励了伙伴。"曾文东爱上摄影的另一个原因是曾经有一天看到画家黄永玉的一本《永不回来的风景》，让她感触很深，"想到几十年前我们凤凰古城的模样和以后的变迁，我为何不可以用相机把每一个时期的风景留下来呢！于是我就更爱上了摄影。"

摄影同样培育了曾文东发现美的眼睛，更培养了发现美的能力，她拍下老人骑车晨练，"我为人的毅力所感动"；她拍下盛开的花儿，"我感叹大自然的美"；她拍下客户孩子童真的笑，"我感激生活的美好"。

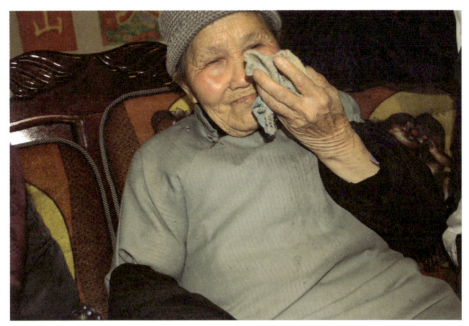

田龙玉老人

摄影可以让人的心灵更美。曾文东相信。

寻访感知生命

2011年8月间，中国人寿湘西分公司吴熙先生打给曾文东一个电话，让曾文东与摄影有了一次特别和珍贵的交融，这被她称为有着"二万五千里长征的功效"。中国人寿推出和主办的"百岁风华"百岁长寿老人摄影大赛，使摄影更为紧密了与曾文东的关系，摄影不再仅仅是一种爱好，而成为感知生命的一种方式。

"当我得知推荐我参加大赛时，我心里特别高兴，欣然接受，但由于我是从事个险业务和售后服务管理工作（当时公司还正在搞改革），事情特别多，直到8月底才狠下决心来筹划。""山中只有千年树，世上难逢百岁人"，即使可以找到百岁老人也还要老人健朗、思路清晰，肯于接受拍照等诸多条件，曾文东必须考虑周详。在同事的热情帮助下，曾文东找到了现年118岁的田龙玉老人。

田龙玉老人于1893年农历四月二十八日出生，与伟人毛泽东同年。她一共生育了13个儿女，但因当时的贫寒家境和医疗条件，13个儿女全部夭折。过继的养女是老人膝下唯一的女儿。从嫁到凤凰县官庄乡新民村直到丈夫去世后，老人守寡40多年一直居住在乡下。凭其辛勤的劳作，过着宁静安详而又极其俭朴的生活。2003年，在老人110岁之前，几乎都是一个人独自生活，2003年由邻居家引发的一场大火将她家的房屋全部烧毁后，老人和她的女儿被老人的外孙女一同接到凤凰县城居住。2010年10月，田龙玉被中国老年学会"第三届中国十大寿星排行榜组委会"授予"全国十大寿星"称号，并位居"湖南省十大寿星"之首。

与田龙玉家人的前期联系沟通还是比较顺利的，老人现在居所的女主人滕召珣（即老人的外孙女）善良热情，愿意接受拜访。为了使寻访和拍照更为顺利稳妥，百里之外的吴熙还特地从吉首赶到凤凰，陪同曾文东一起踏上不寻常的"创作之旅"。

曾文东创作的入围大赛的作品是《生于1893》，这是她所拍摄的关于老人一组作品中的一幅。之所以拍摄了一组固然有创作的意图，也有着不得已的无奈之举。"这幅作品能选上，我们还是挺欣慰的，本来我们对这次寻访所拍摄的效果不抱太大希望的。"吴熙谈起8月的寻访还是饱含遗憾。

就在曾文东一行到来之前，田龙玉老人刚刚从乡下走亲访友归来，略微受了点风寒，并有些轻微的感冒。加之路途劳顿，老人的身体也有些疲乏。滕召珣为其临时安顿在客厅的沙发上歇息。曾文东到来时，老人还正在熟睡中。吴熙已然感到拍摄可能会受到客观原因的限制，"那次老人身体不太舒服，没有气力和精神，我们也不愿意过度打扰老人，所以一直无法找到老人较好的拍摄状态。"吴熙建议曾文东用抓拍的方式完成拍摄。

为了逗老人开心，尽力营造适宜拍摄的环境，曾文东用凤凰的土话和老人先进行攀谈，滕召珣特意拿出了一本珍藏的影集，与来访者和老人一道分享她们祖孙俩几年前去省城长沙和伟人毛泽东故里之行快乐幸福的美好时光。那个时刻为曾文东内心留下了久远的感动和幸福，"老人的记忆力（包括听力）特好，对过往发生的许多事情和经历仍然记忆犹新，对照片中许多令人难忘的美好场景依然历历在目。说到开心动情处，老人的眼眶不时闪现出喜悦的泪花，并不时情不自禁地挥动起粗壮有力的双手作一些生动形象的比划，用纯正地道的凤凰腔说一些诙谐幽默、令人捧腹的风趣话。"她为老人迅疾抓拍下《生于1893》等一组照片，那些美好被恒久地定格，方寸之间充盈着无限的暖意和温情。

摄影不再是爱好

"说实在的，如果不是身在保险行业，身在中国人寿，对于摄影我最多只称得上是个爱好者，如果不是这次活动给我提供机会，我压根儿就没有理由也不敢想象可以见到百岁老人，与老人交流，更不可能端起相机近距离地拍摄。"作为每天奔忙于销售一线的基层保险营销员，这样一种探寻和访问是令她无比珍视的，在曾文东心里，这样的寻访路仿若有着长征意义，尽管她与老人实际相距很近，但她深知这却是难得的对自己生命的教育。"老人的脸上留下的一道道岁月刻划的印痕，饱经沧桑而又慈祥善良的模样，使我触景生情，想起了多年离开我的婆（奶奶），与老人正好是同一年生的，老人的坚强和乐观，焕发出我对老人无比的敬意，就像我的婆再现在我眼前，一种亲切感油然而生……"

在与老人的交谈中，曾文东了解到老人有个心愿，想拥有一台可以移动的椅子，在家人方便时晚上能推着她到古城内看看夜景，而外孙女每月在外打工的钱维持家里三个孩子上学都有点困难。曾文东回家后就悄悄地在网上查找，自己出钱为老人买了一台轮椅送去并安装好，"也算为老人尽一点孝心。"

作为最基层的保险代理人可以有机会参加总公司主办的全国性大型活动，曾文东感到的不仅仅是激动和光荣。几个月以来，"百岁风华"所弘扬的全社会敬老爱老的社会意义与价值，正在曾文东的身边渐渐显现和发散出来。因为曾文东在活动中的投入和参与，她身边的营销伙伴更多被深深感染和教育，在展业中以更多心血力所能及去帮助他们身边的老年人，对于养老保险产品给予了更多的研究和关切。曾文东的客户们也常常与她深入谈起关于家中赡养老人的话题，"在我生活工作的圈子里，敬老爱老的风尚比之从前更为浓郁，人们都比从前对老龄化问题有了更多的思考与交流。我想，这次大赛不仅仅是一个活动，而是力图在全社会广阔环境里提高人们敬老爱老的意识，弘扬尊老敬老的美德。"对于"百岁风华"的社会价值，吴熙也有实际的体会，"我们在活动组织中也切实感受到地方政府和社会更多行业部门对于老年问题的重视，他们对我们的活动非常赞赏，评价很高，对我们前期准备工作给予了有效及时的支持。凤凰县政府就特意将更新的老人户籍资料补充全面，工整打印好专程驱车送往中国人寿湘西吉首分公司。"

以一斑窥全豹，"百岁风华"所充溢的甘泉也许恰若湘西凤凰一般，正点点渗滴在全国全社会的一角一隅。

童真似的眼　佛性样的心

我是幸运的。我见到田龙玉老人的时候，她身体和精神状态都特别好，脸颊红润，神色焕发，眉宇间都洋溢着生气，在人们眼里，她最多只有耄耋年纪。随行的吴熙一再感叹，"这次状态太好了，比上次见到时好多了。"因为知道我们前来拜望，老人安静地在椅子上等候我们，神情安然，眼神清亮有着孩子般的纯净。因为方言的原因，我和老人的交流需要她外孙女滕召珣做翻译。

老人在110岁之前的经年岁月里一直独自生活，独立种地，干农活，在山上种玉米，独自做饭、洗衣，干家务……在2003年一次洗衣服中，不慎将手臂摔断，被外孙女一家送往医院救治（因为身体健朗手臂后来伤愈）。然而就在老人住院的日子里，邻居的一场意外大火，连带着把老人的房子完全烧毁。老人罕见地大哭了一场。乡间的人们把自己的住所看得和命一样重。"我家里还有稻谷、30斤油啊！"自己损失的家用，老人还记得异常清晰。老人为自己准备的寿衣、棺木也在这次火灾里全部焚毁。但田龙玉老人却也正是因为受伤住院，避开了一次劫难。命运终归还是眷顾老人。

老人的生活起居十分有规律，每天早睡早起，勤于劳作。身体硬朗，很少生病，听老人家属介绍，2003年老人搬至县城居住后，经常一人独自行走于凤凰古城。老人独立性强，前几年还常常一个人独自在县城菜市买菜，与卖主讨价还价时头脑反应还很快。因为老人对居住故里的留恋，从前还常常一个人去乡下走亲戚。老人的一个心愿就是能把自己在乡下的故居修复起来。

2008年重阳节前夕，湖南省老龄委、省老干局、长沙马王堆医院、省康复医学会联袂开展慰问"三湘百岁老人"活动，以极高的礼遇专程接从未出过远门的田龙玉老人赴长沙作客，对老人在省城长沙的出行作了精心的安排。在免费为老人进行全面体检的同时，还特意指派专人陪护老人赴韶山参观了与其同年出生的伟人毛泽东的故居，并在毛泽东广场与毛泽东铜像合影留念，这了却了老人一辈子的心愿。我问老人对毛主席故居有什么观后感，老人诙谐地说："没想到毛主席以前住的房还没我现在住的好呢！"令我更感到老人的纯真的是老人的"耿耿于怀"，滕召珣告诉我，上次去参观毛主席韶山故居途中，湖南某媒体的记者承诺在田龙玉老人生日这天请她去北京，参观天安门和毛主席纪念堂。老人非常用心和当真，然而生日的时候，这位记者食言了，老人感觉很不愉快，常常在家念叨，"这个记者真不好，下次我要再见到他，我要骂他的。"田龙玉老人还悄悄告诉我，她现在已经为去北京偷偷攒钱，已经攒了2000多元了，她和她家人现在最热切的梦想就是能来北京，亲身参观毛主席纪念堂，去看天安门。我告诉老人一定要好好保重身体，才有可能实现这个梦想。老人一个劲和我说，"我身体没问题，没问题。"那满脸孩童般的纯真和可爱令人感动。

因为旧社会里干农活，挖沙，种地，又亲手把自己的养女和外孙女带大，一辈子操劳，老人的手一望便知是劳动人民的手，而这饱含劳苦的手轻抚上去却是温润的，握上去体会到贴心沉实的柔和暖。老人和我说"我命很丑（苦）"，我知道这句话里包涵着怎样一种人生体悟，这让我对某些想提及而又不敢谈论的话题欲言又止，比如：老人如何能在痛失13子女后坚韧勇敢地活过来。可我终究是没有问。

我问老人一辈子受了太多的苦，怨不怨自己的命。"不怨，都过去了，现在是好日子了，我感谢生活。"我问老人苦难的日子，悲痛的时光里是怎样挺过来顽强活下去的，"不要怨恨日子，不要怨恨谁，不能太伤心，死了划不来。"朴素平实的话语里有着民间最闪光的生命智慧和最无敌的命运坚韧。

老人的家人说她从不大喜大悲，从不刁难和苛责他人与自己，性情温和善良。我和老人短暂的相聚，使我内心有了难寻的安宁与恬淡，感觉那么安全和踏实。我从老人看穿了118个春秋的眼睛里洞悉到犹如婴儿般的澄澈与纯洁，在其中饱满的温莹之中通透着佛性，浮沉在人间无边的苦海，活到了今天，老人已经跳脱了人的局限和偏狭。去北京，去亲眼看毛主席和天安门。确信怀着梦想，怀着美好生命寄托，会使人在凛冽的生命里生生不息认真地活着。

"我感觉这样的寻访，使我的心灵得到净化，我不仅懂得要用心去关爱老人，更懂得如何去爱我们的老人，这需要一种发自内心的理解，用心去呵护他们。"平凡得不能再平凡的保险营销员曾文东用朴素得不能再朴素的话，表达出我们每个人的心声，解读出"百岁风华"的真意。

田龙玉这样的如同古木般慈爱着世界的老祖母们，她们在锋利而充满艰辛与苦难的光阴中舒枝绽叶，把生生不息的爱和感恩尽化为心得柔暖和知足。这样的寻访是真的美好，这是一种灵魂的受洗，也让更多远方的人得到了那绿色的荫庇与祝福……

记者手记：

在凤凰的入夜时分又下起了淅沥的细雨，我再次来到沱江之岸，重新凝望着这个我游走过的千古名镇。岸上行人寥落，浩瀚的黑暗在升腾弥漫，凉薄肃杀的寒风习习入骨，记得当晚我仰望天穹却不见一颗星辰，少数酒吧里故作热烈的音响声更映衬着淡季寒夜瑟瑟冷风里凤凰的无限萧索、凄迷。在零星几个营业的酒吧里，霓虹所摇曳出的迷离光线中，凤凰似乎正在深邃的夜里渐渐溶化，成为一个幻影。宛若一溜儿已经暗淡了色彩的残叶，一道被灰蓝色的雨雾涂抹的寂寞站台。当所有的人声在时光里消退，景状黯淡模糊之后，只有细密的雨声在黑夜里经久不息。

记得我刚成人的年纪，看到了余华的小说《活着》，在半个月的时间里我曾经不可遏制地捧读这本书完整看了12遍。直到今天，我都必须承认《活着》对我人生观所产生的根本和绝对的致命影响。在最初"百岁风华"的发布会上，当我第一次看到田龙玉老人的图片和新闻故事时，我猛然想到了《活着》。

一个人用一辈子的光景去实现一次生命。是不是人经历得越多，就会真的变得越来越坚韧和顽强，还是会变得越来越卑微和脆弱？是不是人经历得越多，就会真的变得越来越勇敢和宽厚，还是会变得越来越势利和冷漠？是不是人经历得越多，就会真的变得越来越隐忍和仁爱，还是会变得越来越卑琐和鄙俗？是不是人经历得越多，就会真的变得越来越无私和崇高，还是变得越来越钻营和怨毒？是不是人经历得越多，就会真的变得越来越从容和无我，还是会变得越来越怯懦和狡狯？一个人，一辈子，一次生命完成之后，留下的究竟又是什么？

我真的感恩于这样的寻访，这也许就是由现今的"我"走向另一个"我"的起点。"都过去了，不怨了，""现在生活好了，要感谢生活。""日子总要一天一天过，气死了划不来。"老人平实朴素的话语却浸透着生命闪亮的智慧和深邃的思想。在我眼里老人是这个世界的英雄。

我无心像很多人一样去探究老人长寿的秘诀，在这个世界上真正可以恒久的恰恰是最质朴、最简单、最平实的内容，比起所谓的养生秘诀，心灵的纯真与真诚才是无敌于时间的，才是永生的。这才是养生最大的"秘诀"。

最朴实平凡的保险营销员曾文东用她并不高端先进的镜头记录下平实却最深刻永久的心灵震动。也许正是在平凡的眼中才有着世间最强盛的发现和捕捉感动的能力，他们用自己的方式不断提醒我们，不要淡忘这个世界的点滴之爱和感激。在寻访途中，我们邂逅了曾文东团队的一位伙伴李女士，李女士的丈夫多年前因为事故不幸辞世，李女士含辛茹苦，忍辱负重抚养大自己的一双儿女，完全依靠个人的辛劳和顽强，支撑起破碎的家，并成为营销团队的骨干，业务能手。像曾文东、李女士这样身处于中国基层的保险代理人还有太多太多，他们承担着纷繁的各种责任和重重生活压力，他们地位卑微，能力微小，他们是整个保险事业最容易被忽略和轻视的群体，但是他们中的大多数人都不屈和坚强地努力工作、生活，在他们似乎寻常渺小的身影中却闪耀着人性的光华。

曾经的凤凰已经隐去，现在一片毫无个性的斑斓迷离之下的凤凰只是真正凤凰的一个拙劣的替身，一个破碎的影子。这个与原始凤凰本真的气质呈现着巨大抵牾的小镇里，古朴恬淡中透着的灵动和萧逸已荡然无存，现在充斥着轻佻和浅薄。也许只有这小镇之魂的沱江溪流没有变，它依旧淙淙流淌，不舍昼夜，不缓不急。所有流水般的往事都在沱江的水面上愈发凸起和饱满；所有那些被岁月蒙上的面孔都在沱江的水面上逐渐显现清晰，由远而近。

时光，不返。流水，静深。往事仓惶如烟，来不及收藏。

我站在沱江岸边，感到风越来越烈了。大地之上有很多很多东西都将被风挟裹而起，吹散而去，杳无痕迹。而有某些东西却是风永远吹不起来，带不去的……

弗兰克·卡玛斯
Franck Cammas （法）

弗兰克·卡玛斯，法国乃至欧洲航海著名帆船运动员之一，多项航海竞技运动冠军，法国安盟保险集团常年赞助的帆船运动明星。卡玛斯曾经73次率领安盟号出战各大赛事、59次登上领奖台、33次夺冠。去年，他率领安盟号在一系列重大帆船赛事中拔得头筹。此次沃尔沃环球帆船赛，作为船长的他专门将船队的多体帆船更换为沃尔沃Open70型单体船，并将其命名为"安盟四代"。在2011~2012沃尔沃环球帆船赛的征程中，他引领安盟号获第2名。

海之尽头

题记：

在无名的泡沫和蓝天之间，沉入大海的这颗心将一无所恋。

——马拉美

他们的行囊里也许装着一些干粮，一些特制待加工的食品，还有速溶咖啡、枸杞、地图、指南针、匕首、几瓶风油精和红酒，一些换洗衣服。或许还有他所钟爱的某个作家的小说、某个乐队的唱片，也或许现实只会比我想象的更简单，一个真正的巡海远游者，仿佛他所需要的并不多。海洋生活中的暗喻与追问是否可以为阅尽海上风物与天色的他们收获一颗属于心灵的徽章？

从海而来 向海而去

我站在观赛船上，远远望着弗兰克·卡玛斯和他的船员们离开陆地上生活的人们，穿戴着与我们迥异的衣服，登上夺目而神奇的帆船，海面上的阳光缠绕，编织如同无数金色、透明的手指，将海捏紧、松开、呈现。海深沉地咆哮着，发出辽阔的、持久的喟叹。帆船载着他和队员们嘹亮的身躯深远而去，把

人们连同整个大地抛舍在渺渺的微小之中。

从人们的位置看过去，他们是那么的微小，以致很快将隐匿不见。仿佛某种障目术的显现，暂时切断了与我们的联系。其实在他们的视野里，我们这些观众、岸上的人们、陆地上的城市才是微小的，小得根本不足以使航海者望见。

亲近和喜爱大海的人从各地涌来，他们仰躺在沙滩上，赤裸的手臂、大腿、胸腹涂着防晒油，太阳伞下白色的塑料桌上放着饮料。这些习惯在岸上生活的人，通常就用在海滩上观望、晒太阳的方式亲近大海。即便入水，也是浅尝辄止。这种叶公好龙般的喜好注定了我们对海的爱无法坚定和真实。

在沃尔沃帆船赛再次起航的一刻，海使卡玛斯正渐渐和这个世界分隔开，世间的声响一点点远去，世界一点点沉下来，直到似乎无休无止浩浩的静默，他们将迎来未知的风向、时间的碎步和汹涌的寂寞。

在海滨酒店大堂，卡玛斯向我走来，他是那么寻常，他的身形和模样在人群中很快会泯然众人，我很难想象他并不高大的清瘦身体里积蓄着的是怎样属于海的能量，他的面孔犹如建筑大师手中的雕刻，分明的棱角之内是海水的纹路，或就是一幅浑然天成的用爱与信仰标注的航海图。

在我的对面，他显得是那么安静内敛，甚至我感到他的腼腆和一丝丝羞涩。他告诉我，自己对帆船的钟爱，是因为这项竞技的独特，"所有的竞技体育都分为身体和技术，有的竞技项目比拼的是纯体力，而有的却是以纯技术来取胜对手，比如方程式赛车，而帆船却是将体力与技术融为一体，同时与大自然紧密相连，充满了冒险。"走入大自然，迎接旅程中各种未知，恐怕才是帆船运动最具魔力和惊心动魄之处。

在加入安盟保险企业之前，他已经开始参加各种帆船比赛了，"我那时赢得了一些赛事，我的理想是从驾驾小船转向可以操作大船在海上漫游比赛，可以赢得更重大比赛的桂冠。在这样一种我期待的转型中，安盟开始关注与支持了我，我们的合作很久，一直很愉快，彼此相互信任。"

作为法国乃至全欧洲最著名的帆船明星之一，全世界最高水平的帆船竞技沃尔沃帆船赛却是他和自己的团队第一次参加的大赛，"这是我们第一次参赛，对于我和我的团队都是一次新的尝试，我们感到了真实的最高水平，在已经完成的几个赛段里我们感受到了比赛的难度和艰苦，我们现在的成绩不很理想，但我并不感到惊讶，因为我们是第一次参赛，我们在这次最高水平的赛事里能收获些东西最重要。"

栖居于海上的人是我们所不能理解的人。我相信他们即便在岸上，也是通过另外一种（不可见的）方式，航游在人群中。他们隐藏得很深，从不轻易浮出生活的水面，如果你不留心，他们很可能是极易被忽视的一种人。他们往往沉默不语，其实他们可能有着超常卓绝的听觉和洞悉的才能。他们是用一种甘愿放弃大多数生物所依赖的陆地的方式，超越了人们的庸常。当那些为看海而来的人怀着巨大的满足或者是与大海难舍难分的失落离开海边，回到庸碌内陆生活去的时候，航海者却留在了海里，并常常在人们的睡梦中启航。

城市、夜晚、星空，或者这个世界其实就像是一片无底无际的海洋，这个被海水统占了七成的世界，被拥挤和倾轧的陆地只是地球的皮毛。也许只有海洋中生活过的人才有真正被这个世界接纳和理解的资格，也真正把握着这个世界。

躲开时间追踪的人

寒凉的风、薄脆的雨点、比婉转的微风细雨更加缠绵寂寥的告别气息，这些都是他所熟悉的。港口犹如孤独的守望者，时光泥沙般在岁月中退却后，那些他和船员们所辗转的港口凸显为生命里一种委婉而强烈的意象。对于他们而言，港口连结着世界，组成生命的血脉。

陆地上有的是相同的建筑、相同的商厦、相同的服饰、相同的世俗，相同的平庸烦琐的气息中，耗费了所有人的年华，忽忽而过，匆匆的，似乎只一刹那，一切全都老了，唯一新的只有海的吹奏和歌咏。航海者总有着最年轻的生命和宛若最初的炽烈灼灼目光，正如卡玛斯告诉我的，他能想到最幸福的事就是饱含激情的生活，生命给予最珍贵的礼物是拥有激情。

也许所有的航海者都是不老的，他们是这个世上极少能躲开时间追踪的人。

我不住地想象着卡玛斯引领着帆船该如何在海上度过每一个夜晚，海上的夜与城市中的一定大大迥然，神秘、悠远、深幽，仿佛临近神的宫殿。

此时我目送着卡玛斯和他团队的起程。随着那帆船往海之深处的驶入，就像在历经一段迷蒙杂乱的往事之后，在缓慢柔和之间深入和渐近世界的真相。漂浮在漫漫海水上的一只船仿佛乘着隔离在尘世之外的一个幽居者的寂寞沧桑，连同往事的碎片：脸、眼睛、一个人的背影或一种场景。此外，还有一个

季节的温度、一个身体或环境的气味、音响、一种过往的情绪——它们纷纷随海浪奔涌而起……

常年的海上竞技，使卡玛斯对陆地更有着美好的感情，也许比我们更多的人都更加感恩和敬重我们脚下的大地，海上充满着巨大的无数的未知，还伴着永无止境的风险和孤独。正是海陆生活的巨大差别，使得他更加珍惜陆地间的寻常生活，就像他告诉我的，"在海上生活过的人，都真切懂得回到陆地上的舒适。"

自卡玛斯10岁起，航海就已经是他的梦想，今天梦想早已被实践，"我很幸运，一直可以为自己的梦想而奋斗。"是的，一个可以实践自己梦想，并为之奋斗的人，足可以称为命运的宠儿。自他20岁起开始航海，安盟支持了他15年，他已经1年多没回法国了。

在卡玛斯的眼里，尽管孤独与风险时刻暗藏潜伏，但海上的收获正来自于我们更多的人所难以体味的一次次激动人心的旅程，也许他想象不出还有什么是比航海更能使心灵绚烂和焕发光彩的事情了。

从童年时起航

　　灰黑、静穆、苍凉，暮霭升起，暗红的夕阳，宛如一声源自久远的叹息，一点点地从城市的后背坠下……宏阔而神秘的海也许只有在航海者的眼里才能被读懂，它宛若情书的修辞之美，如同一种相爱的人之间羞涩地表白的意味。一流的航海者就如同老辣的骑手，他以更多的从容与智慧对抗着海的荒蛮性情和变幻无常的气象。

　　海上的旅程，他享受着一种在喧嚣的当下难得的沉静。卡玛斯同时还感到了敬畏，是那种已经被时下几乎所有的人遗失的对天地时光的敬畏。我笃信一心追逐蓝海的人血脉里涌动着的是浪漫、从容和诗意……

　　我曾有过在星光下站立船身的亲历往昔，清冷沉蓝的海水显得无比深邃、久远和生动，我在静谧中似乎感受到了满天星光对海的幽幽回应——是那种高妙的、悠远的回声。对于我们大众而言，如卡玛斯这样的人在人群中仿佛是带有不可琢磨的梦游气质，他们是不愿被生活的平庸和寻常所同化的另类分子。航海注定是一场不可知的充满悬念的旅行，每一次遭遇都有可能是冥冥中的操持，都可能呈现出时间的本相和生命存在的本质。这也许是他迷恋海上生活的主要原因。

　　20岁时的卡玛斯已经投向大海的胸怀，我想那时的他就像一尊刚刚出炉的青瓷，或者是一枚尚未熟透的青色的果实，就像一个隐形在泥土中的雕像，还没有在时间和风的手中雕刻出来。然而一场恍惚的梦境让他对阳光下碎金摇荡的大海满怀渴盼和眷念。他眼里的世界也许尚未成型，但他的目光和心里已经满是汪洋。

长期的海上旅途生活使他就像是一个老人，和海水有着同样的沧桑古远；但听他讲述起自己的往昔海上征程——我们难以想象和感受到的神奇与惊心时，我又觉得他是个孩子，在时间沉淀的景致、人情风物面前，他仿佛从没有从童年就驾乘的梦想之船中上岸……

相比其他船长，卡玛斯是最年轻的一位，尽管对于沃尔沃帆船赛他认为自己经验相对不足，然而，他在这次比赛中的成绩，单是统计数据就足以表明这个初次参加沃尔沃环球帆船赛的已染指无数冠军的新手将会打破这个说法。

卡玛斯曾经参加过73次Groupama的比赛，其中59次站在领奖台上，33次获得冠军。总之，他是有史以来最优秀的多体船水手之一。卡玛斯的父亲是一名技术老师，母亲是自然科学教授，虽说父母从事的工作可以很好地激发起一个将成为帆船运动的传奇人物的热情，但他与航海并没有特别密切的关系，一直到10岁，一次偶然的机会才使卡玛斯爱上了航海。

"我站在沙滩上，看着海浪和地平线，想要征服它。"卡玛斯说道。2009年，他第一次尝试了沃尔沃公开赛，他对我说："对我来说，帆船比赛是一个巨大的挑战，这也是我为什么参加沃尔沃环球帆船赛的原因。"卡玛斯说，"在多年的多体船航行之后，不管是独自一人还是团队合作，我们想与世界上最优秀的单体船一决高低。"

碧海蓝天

在我见到卡玛斯之前的很长一段时间里，我脑子里反复回放着我最爱的电影《碧海蓝天》（*The big blue*）。

　　《碧海蓝天》为1988年戛纳影展的开幕大片，描述个人难以融入现实社会的困境，因此转而寻找梦想中的另一种生活。作为法国名导演吕克·贝松的成名作，《碧海蓝天》没有任何的商业气息，她带着一个男人童年的印迹和对大海的眷恋、对爱对生命的思考，讲述着简单而又永恒的故事。

　　我的眼里一次次闪现着电影开始时充满全屏的黑暗，接着黑白电影中出现苍茫的海，无边无际。耳边环绕的是海豚那冗长的嘶鸣，一圈一圈，扩散开来。

　　雅克和恩佐是一对痴迷于在大海中潜水的挚友，雅克的父亲曾经因为潜水离开了这个世界，恩佐在一次潜水失误中将生命交给了大海，雅克护送他的灵魂走入海底的深处；那些来自海的声音，那些海豚伙伴们无时无刻不在另一个世界召唤雅克的归来，但雅克丝毫没有停止对海愈加深入的潜入，有一天他邂逅了他挚爱的姑娘乔安娜。

　　雅克告诉乔安娜："当你潜入海底，那里的海水不再是蓝的，天空在那里只成为回忆，你就躺在安静里，你在那里，决心为她们而死，只有那样美人鱼才会出现，如果你的爱足够纯洁与真挚，他们就会和你在一起，然后永远地把你带走。""你知道怎么才会遇见美人鱼吗？要游到海底，那里的海更蓝，在那里蓝天变成了回忆，躺在寂静中，你决定留在那里，抱着必死的决心，美人鱼才会出现。她们来问候你，考验你的爱。如果你的爱够真诚，够纯洁，她们就会接受你，然后永远地带你走……"

　　在那个寂静的夜晚，这是最后的抉择，雅克听见了那些声音，他的灵魂告诉他要什么，他告别了他心爱的乔安娜，潜入深海，这是生命的回归，是永恒的大爱，纯洁的雅克拥有了一切，那些同他一同追逐嬉戏的海豚，也许其中一个是他少年时就在潜水事故中消逝的爸爸，也许其中一个是他的乔安娜，他永远的挚友恩佐。

　　我直到今天都丝毫无法淡忘影片的结尾，雅克面对心爱的乔安娜告诉他自

己怀孕了的时候，他那张凝望她的面容，那个长久的镜头凝结在我的心尖，一次又一次使我颤抖得不能自已。雅克无限留恋岸上的爱人和自己的孩子，而他终究满怀决绝地投入在无际的蓝海。雅克——这个有深邃如海一样眼眸的人，也许就该回归到大海，那样纯澈的灵魂在那里才能够有所归属。

我们从哪里来？我们又该往哪儿去呢？在碧海蓝天里，在海洋的背景下，躺在宽大的蓝色中听一首天籁，直到光滑的海水覆盖我们，回到生命最初最纯粹的时刻……

雅克是最幸福的，因为他最终成为了自己，那样的幸福如此深沉浩瀚，那是我和你永远都不会懂得的。

对于卡玛斯，有个问题也许我永远难以懂得——海对于他的生命究竟意味着什么？因为我从未有过航海的时光，我不曾体味海给一个人心灵与思想带来的风暴。我只能去想，竞赛只是他投入大海的一个浅显、表象的标志和理由，也许他多年的海上漫游只是一次次的寻找——他要寻找什么？是往日的丧失，还是虚幻的梦境？他也许并不知道。也许，他奔赴一个个海域，只是为了给自己留下一份"我来过"的坐标？就像《碧海蓝天》中雅克说的，"潜入大海的时候，我想不出浮上岸的理由。"卡玛斯对我说，如果不成为航海运动员，他会去做登山竞技运动。登山——这个世界上唯一一个永远没有观众的运动，一个在所有竞技中艰苦与危险都名列首位的运动。也许是在这一刻，我知道了，那些所谓的比赛和奖项对于一个生命属于自然、属于自我本源的人而言是如此的滑稽和浅陋。

活着的意义？生命的答案？世界的真相？"我"究竟是谁？"我"将去往何处？或许这一切的答案并不那样缥缈，只是它们都嵌刻在海之尽头，而我们却永远都不会抵达……

附：
卡玛斯：从海上看世界

方磊：您童年时最喜欢什么运动？
卡玛斯：自行车。
方磊：您第一次驾驶帆船参赛是怎样的感受和情境？
卡玛斯：自由的感觉。
方磊：您最喜欢的颜色是什么？
卡玛斯：红色。
方磊：您最崇拜的人物？
卡玛斯：Sébastien Loeb［世界著名赛车运动明星，曾七度拿下WRC(World Rally Champion)赛事冠军］。
方磊：您最热爱的运动？

卡玛斯：登山。

方磊：如果不是帆船，您会最有可能成为什么运动的竞技者？

卡玛斯：登山运动员。

方磊：您最想见的人是谁？

卡玛斯：Sébastien Loeb.

方磊：您感到最幸福的事是什么？

卡玛斯：在激情中生活。

方磊：您驾驶帆船最想到达的是什么地方？

卡玛斯：南大西洋的南乔治亚岛和南桑威奇群岛。

方磊：现代生活给您带来的最大烦恼是什么？

卡玛斯：时间的约束。

方磊：您记忆最深刻的一次赛程或航程是什么？

卡玛斯：儒勒·凡尔纳杯环球帆船比赛 (Jules Verne)。

方磊：您最喜欢的动物是什么？为什么？

卡玛斯：小猫，因为它们喜欢独立。

方磊：您认为一个好的竞技团队是怎样一种氛围？

卡玛斯：相互信任。

方磊：您认为一个好的团队领导者应具备哪些素养？

卡玛斯：坚持不懈，有毅力，不气馁。

方磊：您认为人最可贵的是什么？

卡玛斯：拥有激情。

方磊：您曾扬帆抵达过的最使您留恋的城市是哪座？

卡玛斯：开普敦市。

记者：您最想对中国说的话是什么？

卡玛斯：我想更了解中国。

方磊：在陆地上与在大海上您看待这个世界时，感受有什么不同？

卡玛斯：从海上看世界，世界很小。

相关链接

沃尔沃环球帆船赛是目前全世界影响力最大的专业帆船赛之一。该赛事创立于1973年，当时名为怀特布莱德环航挑战赛，它为帆船界的精英们提供了一场技能和体力的非凡考验：这是一场历时9个多月的海上马拉松，船员们要跨越五大洲四大洋，向人类耐力的极限发出挑战。

2011~2012沃尔沃环球帆船赛的六支参赛队伍分别是安盟队、阿布扎比队、彪马队、看步·新西兰首长队、西班牙电信队和三亚队。其中海南三亚号是征战本届沃尔沃环球帆船赛唯一的中国船队，三亚号由两届沃尔沃环球帆船赛冠军获得者迈克·桑德森（Mike Sanderson）掌舵，他率领着全球最优秀的水手以及若干中国本土选手，为中国冲击首个世界顶级远洋航海赛事的桂冠。

2011~2012赛季沃尔沃环球帆船赛是从2011年10月29日西班牙阿利坎特港内赛开始，经停开普敦、阿布扎比、三亚、奥克兰、伊塔加、迈阿密，然后穿过大西洋到达里斯本、洛里昂，最终于2012年7月6日抵达爱尔兰高威。

自1998年起，法国安盟集团就开始支持弗兰克·卡玛斯和他的船员们参与多体船帆船运动，并且在一系列赛事中有出色表现。自1993~1994赛季以后，一直没有法国队伍参与沃尔沃环球帆船赛，而安盟号的参与代表了法国船的回归。目前该队已经确定继续参加2014~2015赛季的沃尔沃环球帆船赛。

（特别感谢安盟保险集团王明明女士、糜青女士、张宏先生对本次采访的帮助）

李逸楠

1991年5月出生于四川南充。毕业于中国传媒大学南
广学院图片摄影专业。
摄影作品曾入选平遥国际摄影节，获平遥印象国际
摄影大赛最佳风光奖提名。
现供职于中国人寿德阳市分公司。

生命深处

题记：

不管怎样，还是要把你最美好的东西献给这个世界。

—— 特蕾莎修女（1979年获诺贝尔和平奖）

我们的轿车行进在村镇泥土的小径之间，不断转向而颠簸起伏，像是驶在曲折蜿蜒、迷茫难料的一个人的某种命运之中，又仿若正在渐渐贴近一个久远记忆的深处。

四川省德阳市和新镇长寿乡是一个有着典型中国乡土意味的村落，漫漫农田铺展着，似乎随时可能溢出我们的视野，片片黄土的小山坡绵延着高低错落有致的房舍，从其间偶尔袅袅升起的炊烟"写意着"本源的乡村生活——朴素而难求。几头闲散而卧的耕牛，慵懒地望着四处，悠悠咀嚼着它们的口粮，安逸从容的眼光是我们人难以寻觅的。宁静乡村的天高云淡，乡土之气在徐徐而逸的轻风里像花香一样流布满溢。天空显得更加高远，漂浮着的洁白多姿的浮云犹如生命里那些遥远的往事，亦真亦幻、迷蒙恍惚，在你仿佛渐渐疏远淡忘之间却又早已镌刻烙印在最深的心底，不经意地抬头——她就在那儿。

李逸楠摄影作品《母子》。

母子之情：平静里的浓郁

我们一下车，便看到杨发秀奶奶和她的儿子儿媳已经在自家屋前远远地望着我们，想是他们知道我们来造访，已提早站在那儿等了不短的时间。我眼前的老人非常知礼，精神矍铄，脸颊甚至显露出年轻人都不常有的红润，她拉住我的手热情地引我进屋，那只穿越百岁风华的手是温润而柔暖的，可以让人的心在瞬间安宁和沉静下来。

对于摄影作品《母子》的作者、90后女孩李逸楠，这样的探访她已很熟悉，她说自己已经越来越喜欢来老人这里，和老人聊天，"坐在老人身边我感到特别安全，特别舒服。"这个刚刚迈出高校的年轻人在艺术上相当早慧，"喜爱摄影对于我应该是一件水到渠成的事情，"她4岁学钢琴，9岁练习书法和绘画，从小就陶冶在各类艺术领域中，"我14岁在学校开展的活动上，由南充摄影家协会会长谢奇老师指引接触到摄影，有机会去美国学习摄影，我在国外的邻居是一名资深摄影师，在她的指导下，我更是对摄影喜爱有加，从此废寝忘食地拍摄创作，以至于常常因为拍摄得太专注而走失。"在美国的那段生活大大影响了李逸楠的摄影风格和思想，"因为一开始使用的是传统的胶片相机，我在对摄影创作的认知和理解上，更加崇尚记录自然，崇尚记录人的天性，崇尚大美和大爱。"

不知李逸楠是否会想到，她初涉职场的第一个重要事件就是与钟情的摄影有关。此次中国人寿举办的"百岁风华"摄影赛事，是李逸楠大学毕业进入工作中所迎接的第一个"大任务"，"当时时间已经非常紧张，我几乎是在电话和网络中完成了前期的资料采集和准备。"她记得第一次去杨奶奶家，是夏末阴雨绵绵的一天，黏湿的雨贴在皮肤上，去的山路非常窄，只勉强容一辆车通过，满是泥浆，"就这样我第一次见到了杨奶奶，那一幕现在还历历在目。杨奶奶一身素服，脚穿白底黑布鞋，在细雨中等着我们，经历沧桑的脸上却没有一丝荒芜，只是在那里，静静的，静静的。当时我就被老人那稳重深厚大气的目光击中了，恨不得立即铺上画布，拿起多年没有拿的画笔……因为，当时的她就已经是一副'人像油画'。"我想，使李逸楠时至今日依旧无限感怀和动容的，也许恰是老人从生命和岁月深处，积淀并表现出的智慧、从容的人生关照和态度。

李逸楠曾和我说起，在探访中她感触最深刻的是老人母子都不怎么笑，他们在镜头前没有丝毫做作和刻意，然而恰恰是这样的质朴和率真打动了她，在这样的寻常和朴素里她还原了人间最本色的也是最真挚令人动容的母子之爱。"我想表达的，也并非什么华丽、眩目的繁复之情，这只是一份我真真切切在老人母子身上、在这个普通农村小院儿中体会到的血浓于水的人间最珍贵的母子情。"这样的情感平静但却浓郁，朴素但却炽烈。

对杨发秀老人的寻访，每每都让李逸楠舒心，"和老人母子在一起，哪怕是仅仅临近老人居住的村舍时，我都感觉自己浮躁的心能奇异地趋于平静。我觉得老人就像一本厚厚的书，值得人一读再读。"当李逸楠对老人多次寻访之后，当《母子》真正完成的时刻，她对自己于作品里表达的内容突然无比清晰起来，"大气真挚的感情正是最朴实无华的，它其实就在我们每一个人的寻常生活之中。"

忽略苦难　感恩现在

杨发秀老人是四川当地一名普通村民，户口簿上登记的出生年月为1910年1月，实际已满104岁，是和新镇当地有名的百岁老人。102岁时，她曾分别接受中央电视台、湖北电视台、湖南电视台及德阳电视台的采访。2009年，中国人寿德阳分公司作为全国第一批新农保试点之一，在全市范围内开展新型农村养老保险的投保工作，杨发秀老人于2009年12月21日成中国人寿的高龄客户，根据国家政策，从2010年1月起每月直接领取55元的养老金。同时，杨发秀老人的女儿、儿子均也满足领取养老金的条件，全家均受益于中国人寿此项服务。杨发秀老人的儿子刘朝贵、儿媳李孝秀和大孙子刘阳文等，都是新农保的客户。她的重孙也参加了紧接新农保业务推出的小额保险业务。

杨发秀老人没有读过书，她4岁裹脚，14岁就进入夫家做童养媳，丈夫46岁过世，她一个人拉扯大4个子女，年轻时羸弱的身子也时常病痛……长寿乡的村民们都知道，杨奶奶一家老小对她很孝敬，但她仍坚持"饭后百步走"，90岁高龄时还要去山上放羊、喂鸭子、活动。不少老人说长寿要清淡饮食，而她只是淡淡地告诉我们，她从未刻意挑拣，媳妇做饭，做什么她就吃什么。她只是每日中晚两顿饭爱喝八钱一杯的自酿白酒，度数很高。她让我们一尝，酒味辛辣醉人，老人把着酒杯满是惬意。尽管已104岁，老人一直留存着对生活的情趣。这不仅令我们赞叹，更使我们感佩。

在儿子刘朝贵的心里，母亲性格温和，从不争强好胜，更不会与人争利，和什么事过不去。上世纪60年代是集体大锅饭的时代，全家7口人因困厄的生活只存活了3口人。是杨发秀一个人撑起整个家，才没有使这个不完整的家坍塌。自己已经步入老年的刘朝贵对母亲饱含感恩和敬重，在他心中，母亲对儿女都特别好。父亲去世得早，老人一个人操劳承担着整个家务。以前日子不好过时，母亲在子女面前从不抱怨，不诉苦。在日子最苦的时候，老人总把坏的不好的粮食自己吃，把最好的吃的留给子女。对于曾经的艰苦生活，老人总是轻易带过，她和我谈得更多的是建国后的体会，"以前是苦，但都过去了，毛主席的政策好，现如今我们的村干部也好。" 杨发秀和她的子女都参加了中国人寿的新农保，他们每个月可享受55元的国家补助。

在那些艰苦的日子里，老人是怎么活过来的呢？杨发秀老人告诉我，她从没有感到活不下去的时候。儿子刘朝贵说，当年母亲再苦再累，也要多干活儿，多挣工分，要供几个儿女上学读书；因为知书达理，在村里乡亲们中口碑甚好，还当了9年的村会计。刘朝贵说母亲一辈子受了很多的苦，没有过过什么幸福的日子，但她从不在孩子面前抱怨和发牢骚，全部的心意都放在子女上。年轻的时候，杨发秀身为童养媳常常遭受我们想不到的凌辱，有一次甚至被婆婆抓起头发打。杨发秀告诉我，那都是过去的事了，过去的就算了，她不记仇。还有一次，老人被误当作偷地瓜的小偷，受到冤枉，被歹毒殴打，"我当时的确很气，可我出去走上一圈，我就不再记恨了，因为我很清楚，我没有做那样的事。"杨发秀对于曾经的艰辛从不主动提及，对于今天她能颐养天年，健康长寿，却反复说是因为子女的贤能和孝顺、家庭的和睦、政府的好政策。

"百岁风华"是人生的刻度

谈起与杨奶奶交流的感受，李逸楠说，她很喜欢和杨奶奶坐在一起，"她就像冬日的暖阳，舒服而不炙热，甚至让我一改之前一贯绚烂的拍摄风格，只是想要去记录，去回味，就像我在作品说明中所表达的那样，只是想拍下一幅普普通通的家庭合影——母子、狗、家、温情。在杨奶奶脸上，我洗涤了社会中时代的浮躁，因为在她的脸上，在那经过百年岁月而依然焕发光芒的面容中，我感受到如春天般的娴静，荣辱不惊的平和。她的存在，是对世间的恩惠，稀少而珍贵。"

李逸楠相信，很多时候，生活中的某件事情，也许就是人生转变和升华的一个契机。"百岁风华"大赛在她看来就是这样一个契机，"它让我看到了那些经历一个多世纪风雨跌宕的老人们的淡泊与超然。'百岁风华'不仅给整个集团客户和员工一个交流和感悟的平台，更在全社会引起

李逸楠摄影作品《夕颜》。

了广泛好评。作为大赛的一名普通参与者，我在这全过程中洗涤内心，充实人生……我想，我会把探访'百岁风华'之路延续下去。"

以李逸楠所感，如果说"百岁风华"参赛经历和创作过程是自己人生的一笔宝贵财富，一点儿也不夸张。"它不仅会对我今后的摄影产生影响，还会真真切切地在我的人生旅程上记下浓墨重彩的一笔。"一花一世界，一木一枯荣，她说，在和一位百岁老人交往的过程中，她收获的是平时在城市、在水泥森林中收获不到的美好与繁华。

我们与老人告别时，老人满怀热忱一直把我送到院落里，口中一直表达着她对我们探望的真挚感谢。老人漂亮的爱犬温顺可人地追随着我们，使我对这个生活寡淡但友善和睦善良的乡村之家更多了几分羡慕和留恋。流布在老人眼角的岁月褶皱充盈着对生命的深沉欣然，仿佛是生命最动人的雕刻。走出院落，我的眼前一片开阔，晴朗的山村格外明媚澄澈，田园牧歌般的画中意境让人不忍离去。这样的探访令我收获了一个生命的邀请，无论怎样，邀请我在人间选择光明和希望。

记者手记：

先后两次探访杨发秀老人和她儿子刘朝贵，给我最先感触的是他们居住环境的整洁和雅致。屋外纵深的院落被修整得光洁有序，屋内也是一片窗明几净，豁亮明朗，每一细微之处都整理得井井有条，错落有致，所有这些都表达着居所主人对家的爱惜和对生活的珍重。

杨发秀奶奶是一个非常知礼有"范儿"的老人，她与我们的相交中尽显贤淑大气和敏锐智慧。尽管是卑贱的童养媳出身，但颇具大家闺秀的气质，这位自始至终身在村舍的世纪老人却拥有着很多屡见世面的城里人都不曾有的优雅和贤德。

在我两次和老人的交流中，从老人恳切真诚而又很有节制的谈吐中，我发现了一个很有意味之处，每次在谈到过去生活之困厄时，老人总是淡然简洁去概括，神色平和安然。而在谈到现今生活的种种之时，老人的表情明显生动光彩了许多，主动表达的内容也更加丰富了起来。老人的儿子刘朝贵已年过六旬，在他即将可以为自己盘点一生的时候，母亲永远是他生命的榜样和坐标，这样的温情是珍稀的人间至福。刘朝贵眼中的母亲温婉中有着坚韧和刚强，一个人扛着所有生活的苦难，守寡60多年，为了子女，独立承载着整个家，而她却从不向子女们抱怨生活的不公和自己的苦难。我知道刘朝贵所能记忆和感触到的困苦与悲惨生活永远抵不过杨发秀老人所真切经历和忍受的。但老人一直选择着宽恕与忽略，对那些历史命运里残忍内容的宽恕，对记忆中那些悲戚的忽略，她不断和我兴致盎然地谈论着现在生活的安逸和舒心，尽管一生的悲

凉和困顿，却依然留存着对命运的感恩和珍存的心怀，"现在真是好日子啊。"对苦难与悲痛的忽略与宽恕，对现在的欢喜对未来的向往，这正是这位百岁老人的生命态度，更是一种生命境界，性情柔和的老人仿佛就像一滴水，穿越了最冰冷坚硬的命运岩石。

"遇到天大的事情，我都要活下去。死了什么都没了，我要多看看这个世界，我一定要好好过日子。"我想老人告诉我的是只要活下去，前面就是个天。多难的时候都要活着，都要活下去。"我活下来，才有了今天的好日子，好东西才都有了。"老人的生命观如此朴素却又无限深邃，单纯而饱含诗意。老人舒心地活在今天，这是对命运中曾经的所有厄运和苦难最好的回应和最大的蔑视。那每处似乎绝望中的印记都早已轻渺无痕。我一直想笨拙地追问和揣度出老人是如何度过那些最艰难的时光的，后来我才醒悟，老人对待世界的朴素态度正是我想知道的。

老人向我说得最多的是对现在生活的知足，"我的子女对我都特别孝顺。"她总是在不经意间谈论她的儿子儿媳孙子对她的好。儿子刘朝贵说起有一次，他对妻子发脾气被杨发秀老人拦住，严厉训斥了一顿。家事如天，我可以清晰地看出这个家庭亲人之间彼此深沉的爱，也可以观察到杨发秀老人是一个特别在乎家庭亲和的智者。一个家庭亲人间的彼此和睦善待才是每一个人的福气，亲人之间有着柔暖温情才会有持久真切的幸福。

对杨发秀老人的两次寻访之后，中国人寿德阳分公司的一位员工在和我交流中坦诚说出，他们之所以推荐杨发秀奶奶作为摄影人物，是因为他们全家都是当地公司农村小额保险的受益者，所以在拍摄人物的选择中他们有着自己的权衡和考量。朋友的意思是想告诉我，他们还有比杨发秀老人更传奇更有故事的人物。其实，我反而觉得越朴素的道理才越是深刻，越平凡的过程才越有内涵，越寻常的经历才越值得领悟与体味。中国人寿所举办的"百岁风华"摄影大赛中，镜头里的每位老人都是一本永远读不完的书，永远品不够的酒呢。他们哪一位人物所经历的百年岁月不是传奇呢？我很希望能够代表全天下的子女，感谢中国人寿为老人为农民做出类似于农村小额保险这样的实事和善举，这比有的企业花拳绣腿的"架子模式"和花枝招展的"面子工程"要实在和真诚得多。而"百岁风华"对李逸楠这样的保险新人，更是对保险真意的领悟、一种难求的教育与洗礼。

在和杨发秀老人交流中的几个细节深入我的脑海。尽管老人出身于"童养媳"，但举手投足间却不亚于出自名门闺秀的端庄和优雅。在和人交谈时，老人双手手指弯曲上下相扣，腰直身正，表情不卑不亢不喜不悲。在最不堪的日子里，老人这样瘦小的身形扛起整个家庭的负荷，这样的身心将需要一种怎样的力量，整个世纪的炎凉颠簸之后还能依旧保持对世界的向往和欢喜，这就是生命最动人之处。活过了一个多世纪，也许人才真正有了悲悯的心魂，知道对这个世界需要更多的是宽恕和释然，在心底留住那些点滴的美好以及对世界的真诚和期许，这也许就是生命的魔力。

唐付军（阿健）

1978年6月出生，河南人。

1994年12月入伍，1998年退役后在北京做保安一年，1999年
学习美发。10年间不断进行专业进修，共获得全国性发型
化妆大赛金奖8次，银奖3次。

曾荣获2004年中国国际全能大赛冠军、

中国金剪刀造型名师、

新丝路模特儿大赛指定造型师、

托尼盖高级讲师等荣誉。

2008年11月获中国国际美容美发化妆师全能大赛(中华美业
第一赛)十大新锐美发大师。

指尖上的舞蹈

　　他怀抱着闪亮的奖杯，站在车潮不息的路口。刚才人们为他欢呼、喝彩的喊声似乎还在热烈地延续，但在这喧嚣的生活世俗声音下慢慢被压制，缓缓飘远。他看了看手中的奖杯，摇了摇头，一缕浅淡的微笑荡漾在他的唇边。他想起了十多年前刚来北京时的情景，也是站在这样人潮涌动的类似路口前，那时候他手里是空空的，很多个路口在他面前，可他不知道路在何方。今天，他已经不是第一次拿到奖杯了，然而当他重新站在这个恢弘城市的街边时，他依旧感到自己的渺茫和微小，他甚至可以觉察到自己茫然的眼神都和当时一样。

奇巧中的命定

　　唐付军不是第一次参加全国隆重的美发美容大赛，也不是第一次获得荣誉和奖杯，可他知道什么都没有改变，即使是他现在有着"全国十大新锐发型师"的权威光环。"拿奖时，站在高高领奖台上时总是满心激动，可一出了门，我内心又是空空的，我只是这个世界上的九牛一毛。"世界的广阔让他感到惊心和不安，这也许是对于像唐付军这样一个市井中谋生者不会轻易改变的感慨。

这个世界在唐付军眼里似乎没怎么变过，无论他现在有了怎样的改变，随着他的成长，这个世界在他的眼里似乎越来越无边广阔。十年前，当唐付军退伍来到北京换上保安制服的时候，他内心是轻飘飘的，"没有压力，很轻松，但也同样没有目标。"他从他站岗的角落里生出了满心的诱惑、羞涩和一种年轻人骨子里的倔强、轻狂。"我总想能干点什么。能有一种征服的感觉。"尽管他那时只是每个月有300元的走卒。

唐付军美发生涯的开端既像是命运的一种奇巧，又似一种命定。"当时，我在北京常常和河南老乡们一起聚会。我的这些老乡们有在酒吧做DJ的，有调酒师，也有做美发师的。我们常常聊起自己的工作和对以后的盘算。"工资收入无疑是这些闯荡京城艰辛创业的年轻人们最关心的主题。钱，这是促使唐付军内心最先对美发萌动好奇的全部诱因。"那个时候调酒师一个月能拿1000元，DJ能拿2000元，而一个美发师可以挣到四五千元。"四五千元，这是他不吃不喝一

阿健在工作中。

年半的薪水，当他从心里涌起全部热情和冲动的时候，就像一个被囚困在黑洞中的人，突然发现了升起的太阳。

"我对美发并不陌生。"因为姥爷曾经在乡间做过"剃头匠"，儿时的唐付军耳濡目染多少懂点基础手艺，这让他在从军时受到了战友的"追捧"，每周在检查军容军纪前，战友的统一发式都是由他打理。"我那时每周要为70个战友理发，他们都很满意。"尽管他的手艺还很粗疏，但他依旧得到了更多人的认可，这也给他原本枯燥、严谨的军旅生涯注入了清新和快乐的记忆。

钱是坚强的理由

在种种缘由的交织之中，唐付军进入了专业美发学校，"我学这个最主要就是为了钱。"他说出了所有原因的核心。时光弹指一挥，一年后在他21岁的时候从学校毕业，他就像气球一样被内心那一直潜藏的年轻人的意气所充盈，饱满得像要飘向整个天空。"我在学校成绩拔尖，老师特别喜欢我，当时为我办妥了一切手续，希望我可以留校任教。我没怎么犹豫就拒绝了。"他说，他还是为了钱，他想去做专业发型师，可以有更多的收入改善自己一无所有的处境。钱，这个字，像醇香扑鼻的菜肴，无限诱惑着一个饥饿的人。钱是唐付军年少懵懂中最直接最强烈的诱惑，在曾经的时光里也是他奋发的唯一方向。

机会来临之快让唐付军猝不及防，比惊喜更突兀的是忐忑和不安。北京郊区一个美发中心的女老板在学校挑选毕业生时结识了他，在学校的鼎力引荐下，唐付军得到了这份工作。"我当时就因为他们店在郊区，才同意去的。马上真的去给人做头发，我突然紧张得很，那段时间我觉得自己技术上样样都不行，市区里美发店太多，我这点手艺很快就要露馅了。"

　　多少年都过去了，第一次为客人剪头发的噩梦感，唐付军至今都挥之不去。"我们在学校里学习时都是假人头道具，我第一次给客人剪头发时，手一直在抖，不听使唤，满身都是汗。"原本女客人的长碎发是他的专长，可是当他第一次站在一个真实的客人身后时，似乎连拿剪刀都费尽了气力。客人的不满，加重了他的愧疚和不安。"当时，店里其他老牌的发型师对我都很不满，也对我的手艺充满了不信任。因为按照我们的行规，所有发型师，无论资历深浅，每做一个头发，收入都是一样的。那些老员工总认为我在抢他们的生意。"好在被人嘲笑的唐付军还有机会。下午，友善的女老板又安排了一位顾客让唐付军做头发。然而，最糟糕的事情还是出现了。电推子似乎在他的手中开始不断积聚重量，紧张和仓皇也并没有多少改变，"我慌神的时候居然把客人的左耳朵推出了血。"

　　女老板想尽所有的办法才平息了这场祸事，唐付军也并没有马上被辞退，还是得到了老板难得的宽恕和帮助。但是，在第七天的时候，他还是离开了那里，拿着700元的薪酬。"最后我还是被辞退的，但我心里没有怨气，只有愧疚和自责。"一周的700元和做保安时一个月的300元，这样的云泥之差让唐付军决心咬牙在美发行当中"挺"下去。

　　唐付军犹如一粒微渺的尘埃，飘荡游离而没有任何人真正看见。用每个月150元租起一间凋败的民房后，他已经口袋空空，他似乎忘记了自己的名字。流浪、漂泊、恍若所失的困惑、迷茫和愁苦让他喘不过气。城市的广袤和多彩只是令他的内心更被落寞和空虚所笼罩。

　　辗转进入另一家美发厅，是唐付军用苦力换来的。"我在找工作时，看见一家正在装修的美发厅。规模还挺大。我当时想，他们在装修，肯定马上要开业，要开业肯定就需要发型师。"唐付军为了赢得老板的信任和好感，不要工钱，为他们装修干体力活，一连干了半个月。老板被感动了，愿意试用他。"我当时还是耍了个心眼，老板问我有几年工作经验，我骗他说已经3年了。因为我当时太需要一份工作了。"

老板收留了他。"因为白白为老板打工，最开始他都不好意思按行业惯例对我考试。"也许是经历得多了，这个时候的唐付军干活时已经从容了许多。"我最高兴的是我已经不紧张了。尤其是看到我服务的客人是笑着出去的，我就特别安心满足。"当其他发型师服务完10个客人时，他刚刚在做第三或第四个客人的发型。然而，他漂浮空洞的心终于有了些许依附。

某一天晚上，老板让唐付军为一位女士做盘头，"我知道这是老板对我的变相考试，我当时技术实在有限，这个头我居然盘了3个半小时。"老板对他是失望的，但依旧宽容和鼓励。"我那时非常自卑，同时又特别不服气。"年轻人的好胜心让唐付军决心执拗地在美发行当里做出个头脸来。因为手艺不高，老板只让他做一些简单的剪发的活儿。然而，也就是这最为关键的一年，在很大程度上成就了唐付军的未来。"因为我的活儿少，时间短，我在那一年里天天有很多时间去偷学手艺，细致地观察、体会和琢磨店里其他手艺好的同事的技艺。那段时间我过得最充实、最快乐。"充实来自每天无穷尽的专注偷学技艺，快乐源自不懈的思考和揣摩。"天天都有收获，让人总觉得踏实有希望。"

一年之后的唐付军技艺突飞猛进，他的固定的顾客数量也陡然上升，已经成为店内最为依仗的发型师。当有一天，他突然向老板提出辞职的时候，店里所有的人都很惊讶。"我当时已经是店里的头牌了，无论是收入还是在店里的地位都很让人羡慕，所以我的离开在店里是最大的新闻。"老板先是不解，然后是抱怨和不满。"我很理解老板的心情，直到现在我都感谢他对我的好，但我实在不想再没有长进地一直在一个地方，我渴望去更好的发展空间，剪发技艺能有更大提高。我不满足于现状的安稳。"时过境迁，钱，已经不再是他最强的渴望了。唐付军向往的是店外更高远的天地，他要找到自己的方向。为此，他可以放弃现在。

将错就错的声名

十年光阴呼啸而过，如今一个叫阿健的名字已然成为京城美发界内的一个瞩目的符号，成为更多人学习和向往的标尺。现在唐付军身边更多的人大约已经忘记了他的真实姓名，而他们记住了美发手艺的主人——阿健。

阿健与他的发型模特。

阿健别名的由来，充满了阴差阳错。"我刚转到一家美发店时，只是把自己的工具箱临时放在了一个写有'阿健'的镜子桌前，后来很多人来找'阿健'做头发，而他已经离开了店，于是我就被误认为是'阿健'。我现在的名字也就慢慢这样传开。"唐付军并不刻意去纠正这个有趣的误会，"名字只是个代号，客人永远只认手艺的。"彼阿健已不知去向，而此阿健却留在人们更深的记忆里。

十年间，唐付军所领获的各式美发界大赛的奖杯、证书，不胜枚举，却没有一个让他放在心上。"我们这个行业很特殊，得到这些，只是高兴一时，整个业内不会有太多人在乎这些光环，看的都是真功夫。拿着这些找工作，不顶用，关键还是看你实际的手艺。"也许是最初入行时的印象过于深刻，直到今天他都有着与最初同样的急迫感。在十年间，全国范围内凡是有大的培训、学习，他都会去参加，他舍不得失去一次进修的机会。哪怕这样的业内培训需要自己不菲的金钱投入。而他所收获的是更全面的技艺和更高涨的顾客人气。他的不安于现状似乎和十年前一模一样。

某日，一个神色快快的年轻时尚的女子走进唐付军的美发厅。她是慕名而来，只为找到唐付军，只为拯救自己的满头秀发。女子的长发乍看上去夺目飘逸，令人艳羡，而实际它已是"衰朽之体"了，因为烫发的失败，她已经跑了全城十几个大型美发店，依然没有能挽救她视若珍宝的青丝。慕名来找唐付军似乎是女子最后的指望。

"我当时感觉顾客的头发已经损伤很严重了，我给了她很多修补的建议，也坦诚告诉她，自己并没有绝对把握。"在女子的一再恳求下，唐付军决定作一次力挽狂澜的努力。他依赖自己多年实践的经验和技巧，经过细致的思考，为女子重新烫了头发，并作了护理。"最后，客人极度满意，她似乎觉得比她原来的还要好，我所做出来的就是她梦想的效果。"她在激动之余不由分说，在远离自己家居之处的唐付军店里办了2000元的卡。唐付军由此所体味到的成就感也许是局外人无法理解到的，"别人办不到的，我可以办到，那种幸福感没法说。"看着顾客由失望到惊喜，唐付军有一种沉甸甸的知足。"如果可以让别人开心，我就觉得自己没白干美发。"

人生只若初相见

"我最骄傲的时候，就是用我的劳动可以打动客人，我所精致打造的每一个发型都是我的作品，客人认可喜欢，是我的成就。而真的能把每个客人服务好，是一件很难的事情。"美发，不仅仅是一种谋生的工作，而是一种艺术创作。"我们班上原先的70多个同学，现在基本上都已经转行了，可我还是爱这个。发艺使我感到有成就和价值。"

随着声名越来越大，唐付军不仅早已是一家大型美发中心的首席美发师，更有了属于自己的精致独立的美发工作室，他也成为店里员工中收入最高的人。他的衣着也逐渐考究、时尚和品牌，当然他的工作也是最忙碌的。不过有一点已经不同了，钱，对于他而言不再是最重要的了。"当有的顾客过于依赖一种发式时，我会建议他做些改变。尽管他对我为他打理的现有发型极为满意。"如果一位顾客说出自己的不满意，唐付军反而会有些激动，"这就表明我还有成长学习的空间。"

对于保险，阿健知之甚少，而他也因为频密的工作和劳顿，身体大不如前那样壮实。"我们这个行业对身体应该有潜在风险，保障的需求是很大的，但恰恰我们极少有人会意识到用投保险去保障自己的未来。"阿健说，做他们这行的大多数健康状况都很不好，特别是很难按时吃饭，身体长时间处于疲惫，睡眠时间也很难保证，胃病、肢体劳损等职业病非常普遍。

"有一些大的店，特别是连锁美发店一般会给美发师和护理师统一上保险，而一些中小美发店保险完全是空白。但我的绝大多数同行根本没有保险概念和意识，我们对于保险概念都很模糊。"

这个群体实际上格外需要人们关注他们的境遇和生存，而他们本身更渴盼人们的理解与尊重。他们的身体很容易在繁重的工作劳累里受到损害，稍不留意就会被职业病侵袭。另一方面，他们大多数人又缺乏对自身身体健康的关爱，或是在重重生存压力下无力去关切最为重要的健康。在当今社会迅捷发展的逼迫下，有很多类似的群体有着与他们相似的境遇，比如：出租司机、教师、交警、装修工……

　　人生际遇变了，工作角色变了，生存环境变了，唐付军的思想也变了。"有一天，我希望自己能像国外那些美发化妆大师一样，有自己更多的时间去思考发艺的变革和创新，每天每周的工作由预约完成，只为很少的客人服务，但做到极至的精致。" 求新，求变，有变化就有创造，这是他所向往的，与他最初拿起剪刀时对待生活保持着一样的心愿。

　　但有些是没有变的。即使真有那么一天，当唐付军再次站立在百转千回的纷繁路口时，需要选择新的方向，他脸上依旧会是十年前最初的神色。

一语中的

别人办不到的，我可以办到，那种幸福感没法说。

——唐付军

　　记者手记：

　　我一直认为"记者手记"相比较采访报道而言更带有个人化的气质，所以在此篇手记中，我更愿意称唐付军为阿健，"阿健"这个已经被他周遭的人们耳熟能详的名字会使我和他都感到亲和和舒心。

　　显然，今天的阿健凭借指尖的功夫已经和最初仓皇懵懂、初闯城市的莽撞少年有云泥之别了，但和他接触得越久，我却越感到他似乎并没有什么改变。十年发艺之路，阿健声名鹊起，斩获的奖项已经摆满了他的整个工作室，但这些奖项似乎除了与顾客、朋友分享快乐外，他实在不会在意。"这都只是摆设。"

我一直以为，对于美发的技艺，他有满满的底气和自信，让我错愕的是，当我很多次让他和业内很多大家相比时，他总是摇头，"我没把握比他更好，""人家比我更全面，我可能不如他。"语气中甚至透着一种诚惶诚恐。今天已经有了不小收获的阿健还能保有着谦逊和冷静，这让我感到意外，也觉得分外难得。对于今天的成功，他总习惯说"我运气好"。对于帮助自己的人，他总念念不忘，无论时间多么久远。

当阿健把美发说成是他作品的时候，我内心有一种很难说清的震动。我相信美发不仅是一种生活表层的需要，也是一种艺术。阿健虽然没有一个艺术家的谈吐，但他却有着艺术家所具有的思考、追求和态度。很多年来，我变换过不同的发式，不少也出自阿健之手，当我特别喜欢某一种发式时，他总会建议我改变一下，"不要太依赖一种发式。"工作上的求新、求变，总让他保有着对生活的希望和理想。所以，与众多外来创业的打工者相比，他没有虚浮和轻飘的"城市局外人"之感，他有自己理想的根基。

就在这次专访之前，阿健的鼻子刚刚做了手术，他也正疲愈于一场经济官司之中。因为救援一个受袭击的路人，他和歹徒有了一场殊死的巷战，在擒获恶人的时候，他也受了伤；为了助人，他先后被一位客人诈骗了近10万元，作为原告之一，法院刚刚判决他胜诉，但追款的日子却遥遥无期。十年间，阿健衣着鲜亮了，腰包鼓胀了，但内心的真率与善良，襟怀的透亮与本色依旧，这是一种让人日久弥新的默默感动。

有的时候，我觉得阿健就是一个心灵的收藏家，因为美发行业的特性，他每天接触着三教九流形形色色的顾客，而每一种发型都潜藏着不同人的心结和性情，发型有的时候就是一种对生活选择的态度。人们把更多的心情留在他那里。我有的时候去找阿健并不是单纯去修剪头发，我更喜欢和他聊天，他和我谈某一天所遇到的人，发生的事情。浮生众像都在他的眼里。我知道，从某种程度上，他对生活的见地远在我之上。和他聊天，我总能看到更宽广的世界。

阿健有的时候也向我抱怨，因为工作太过紧张，让他时常感到压抑和不堪。但其实，我深知他是热爱美发的。每每给我服务，我都从对面的镜子里看到他严肃、专注、不苟的神色，他甚至不会和你说一句话，无论你和他多么熟悉，他仍然像第一次给你修剪头发时一样全心投入。为了使自己独立的工作室有更多声色和情调，他自己买了笔记本电脑，精心下载许多轻音乐、国际时装发型展。"我想在工作时能使我和顾客都心情愉悦，让顾客体会到我为他服务的享受。"工作有时的确是枯涩单调的，但阿健的内心是生动的。

做这样一个与保险并不紧密相连的选题，似乎有些唐突，但却有着编辑策划的深意。由阿健我想到了中国成千上万涌向城市的打工者和创业者（包括我们数以百万的保险行销者）。阿健只是其中的一滴水，很多人可能还没有走向阿健今天的彼岸，但一定有着与阿健感同身受的行走和拼争。从阿健身上我们看到了隐忍、坚韧、持恒、奋发……那也有你我的影子。

更重要的是，阿健也许在给我们一个启示，阴晴圆缺，风霜雨雪，人在任何环境、际遇中都需要努力留住内心某些珍贵的品性。

每个人都是自己的诗人

■ 狗子

看方磊的这本书，让我想起了一个人，我们就叫她A吧。她是我的发小，从小我们一个小学，后来上的也是同一所中学。她一直是高材生，长得也不错，从小到大一直是三好生班干部甚至班长一类的角色。那时无论是老师还是家长还是学生（包括好学生和所谓的差生），大家提到A，除了赞扬就是羡慕，后来稍有遗憾的是，A高考发挥有点失常。但凭着她一贯的底子，还是考入了一所普通大学读教育。大学毕业后分在一所中学教语文。

大约20年前吧，中国社会开始从计划经济向市场经济转型，在下海经商的大潮中，A也辞了中学的教职干起了保险。那个时候，这样的举动还是颇需要些魄力的。那时，中学老师虽然还没有完全脱离"清苦"的形象，但毕竟是铁饭碗，而保险，那个时候不能说闻所未闻，但听起来是多少有些不着调的。对保险，那时人们的心态大约有两种，一种是，我们需要保险吗？一种是，难道有什么东西能让我们在风险中有所保障吗？对于推销保险的人，总之就是不信任，甚至充满敌意——你们不就是想骗点钱吗？

相对于方磊书中的人物，A的命运完全是另一番模样，记得大概有一两年的时间，我们知道A辗转于各种与保险有关的讲座和培训班，我们从A那里知道了什么叫"陌拜"。我们面对A终日辛劳奔波带来的憔悴面容，开始还有同情，但随着她不遗余力逮着一个哥们或姐们就喋喋不休狂谈保险，大家开始躲着她了。挺好一姑娘，怎么变得如此神神叨叨不着四六了呢？"杀熟"也得讲究点方式方法吧？

也许是我们这帮人太冥顽不化太不开窍了，A从此在我们这个朋友圈里消失了。但关于她的传闻还是不绝于耳，一度听说她保险干得不错当上小头目了，一度又听说她不干保险改炒股票了，据说天天在大户室里喝茶聊天日进斗金，大家觉得这才是我们心目中的A啊。但还没等大家缓过神来，又听说A炒股票赔了，而且赔得很惨，卖房子之类的。不久听说A重操旧业干起了教育，民办教育，大家觉得凭着A的才干肯定会东山再起，这期间A重新回到我们这个发小圈子，A的精神状态不错，信心满满那种。又过了一段，听说A不干民办教育了，A嫁了一个老外，即将离开这生养她的故土直飞美利坚开始全新的人生。去国前，A招呼大家聚了一次，就她一个人来的，没带她的美国丈夫，这次A的神情有些落寞，大家觉得可能是A即将离开故土有些悲伤吧，便纷纷安慰A，美国好啊，在美国发达了再回来啊，即便不发达在那边相夫教子也不错啊，A均报以淡淡的一笑……

此后大概有两三年没有A的消息，再有消息是听说A回国了，是离了婚一个人回来的，但似乎并不怎么在北京呆着，一会儿听说她在上海，一会儿又听说在沈阳，一会儿又听说在武汉，具体干什么也是语焉不详，似乎跟教育有关，又跟金融沾边，甚至有人说A在干传销……

时光荏苒，大家都已步入中年，上有老下有小，名利、权力、欲望、健康……大家在其中被折腾得要么焦头烂额，要么锐气全无，一副看透了的架势，没人再提A，偶尔有人问，大家面面相觑，没有人知道A在哪里在干什么。活到这个岁数，或许真如西谚所说：没有消息就是好消息。

去年，发小里有热心的好事者张罗小学同学聚会，倚仗着互联网的神通，这是一场几十人的大聚会，很多几十年不见这辈子也想不到要再见的小学同学纷纷冒头，场所是一家颇豪华的酒店。说实话，这场聚会让我颇受刺激，其实在聚会之前，我还是有所思想准备的，我完全可以想象——这些年我也见过不少——混到四五十岁，功成名就家和万事兴一点也不稀奇，无论是衣着光鲜豪车豪宅的高调路子，还是一身休闲素面朝天不显山不露水的低调风格，至于混得次的，至少也是小康温饱吧，再次八成是不会出席这种聚会或者他们根本就人间蒸发了。但让我始料不及的是，刺激并不来自物质和荣耀的高下，而是来自于岁月的无情——那天我坐下以后刚刚适应了四周的喧嚣和金碧辉煌，侧脸之间，发现邻桌怎么坐着几位大妈或干脆就是老太太在热烈地扎堆聊天？

嗯，没错，她们不是我小学同学的长辈，她们就是我的小学同学，有一两位还是当年"同桌的你"吧，A也在其中……

A胖了，烫过的头发白了一半，她没有染发也没有化妆，相比于其他几位染发化妆的女生，A看起来更自然，她让我还算顺利地适应和接受了"中年妇女"这一现状。席间我和A单独聊了会儿。她说现在不折腾了，她说现在孤身一人赋闲在家陪父母住，她说父母老了身体不好没人陪……在众发小推杯换盏的喧嚣中，那会儿我本来喝得有点多，但A忽然像自言自语般地问我：你说人活着到底是为了什么呢？这问题让我酒醒了一半，我记得我沉吟了半晌，说，我也在想这个事，你说呢？A也沉吟了半晌，然后笑眯眯地端起红酒杯跟我碰了一下，眼神里有种既熟悉又说不清的东西，她抿了一小口，我仰脖将一满杯啤酒干掉。

好了，A的故事讲完了，回到方磊的这本书。方磊笔下的这些人物，可以说是成功的，甚至是光彩耀人的。方磊用他抒情的文学笔触，准确描绘出这些人物的奋斗经历和心路历程，其笔法有时细腻逼真，有时又有些奔放豪迈，在细腻和奔放之间，方磊做得游刃有余，这使他笔下的人物不仅光彩照人，还有伴随光彩的沉郁的阴影，因此这些人物形象饱满立体起来，可亲可爱起来，他们不是高高在上的，他们就在我们的身边……作为一本专写人物的作品，这应该算是成功之作了。但这本书真正触动我甚至让我感动的不在这里，而在于方磊其实并不是在写人物，他似乎在写一种精神，不仅仅是这些人物本身具有的精神，而是方磊所要追求并表达出来的一种精神，或者用方磊的话说，他所陶醉和沉迷的，是这些人物带给我们心灵深处的某种激荡。

有一句老掉牙的话，叫做"文学就是人学"。那么，"人学"又是什么呢？当然就是研究人的，而且与科学不同，文学就是研究人的心灵的，好的文学，就是能够挖掘刻画出人物心灵深处的东西，这样才可能让读者的心灵获得感触、陶冶、震撼或者激荡。这一切的前提是，作者自身的心灵必须敞开，在这一点上，我想方磊做到了。

我读方磊的书，不仅能感受到他笔下人物的心灵颤动，同时我也被作者的一种精神诉求所打动，这是怎样的一种诉求呢？以我粗浅的理解，我觉得，作者或许囿于客观条件（并非是限制），他貌似在写"成功"，实则与"成功"无关，他要表达的，是人在各种境遇下秉持着一种精神力量的蹉跎、挣扎、奋斗，造化弄人，但人从来都不是被简单地捉弄，或者说，我们人正是这造化独特的一部分，其独特就表现在我们的心灵可以感受到一种精神的感召。倒过来说，造化正是通过我们人来体现它那博大深邃的精神的……只要这份精神在，只要我们还能感受到这份精神的召唤，成功与否都是细枝末节了……

海明威说，你可以被消灭，但不可被打倒。我的理解是，只要有那份精神在，人就永远立于不败之地，无论在现世中成功还是失败。

现在让我回想A在与我碰杯时的眼神，里面有一种亮晶晶的光芒，还有一丝调皮，我明白了，这个眼神还正是那个我熟悉的小时候的卓尔不群的A的眼神。虽说她现在就是一位头发半白不起眼的大妈，而且马上就会变成一位白发苍苍的老太太，但有那份眼神在，这些又有什么大不了的呢？

A的大半生在世人看来或许是不成功的，甚至有些失败的意味，但我从A阅尽铅华却依然明亮活泼的眼神中看到，也许一切并非如此。试问：现在有几个儿女能像A那样守在父母身边陪他们终老？在此，保险业确实秉持着慈善精神在弥补这一缺失，但A所做的恐怕是保险业所无能为力的那一部分吧？

最后，我想引用方磊笔下曾经的诗人丁当的一句话："每个人都是自己的诗人。"祝A好运，平安。

（作者系青年作家）

心灵的捕手（后记）

很多时候这个世界就流淌在一条清幽的溪水中，就依偎在一枚绿盈盈的叶子上，就被含在一滴通透纯洁的露珠中，就埋在一抔粗粝的尘土里，就在迎面吹拂而来的一缕轻风中，就浸润在一抹微凉如水的月光里。

从前我追逐以更广大的视野来凝视这个世界，正是因为视野本身的无止境使得这种追逐变得似乎盲目和徒劳起来，于是我专注于自己的心智和情感集中在某一点来重新审视这个世界，突然发现那浩大无垠的世界变得如此清澈清晰，丝丝入微般引人入胜，我选择去了解去认识去懂得人。无论作为一个作家还是一位记者，对"人"的无尽探寻与思索都是他点亮自己内心，发现自己，接近世界真相的心灵旅程，甚至是捷径。

我热爱并专注于人物采访，这种探寻与发现心灵的旅程与文学写作有着同质的内核，与文学因子紧密相关，如果非要把此看作一种形式上的"工作"，它对我而言，丝丝缕缕都漫溢着迷人隽永的气质，令我沉醉着迷。作家是这个世界上的"心灵捕手"，而这样的人物采访在我看来正是这样一种对心灵的"深情围捕"。

生活中我时常对人充满着兴趣，时光流布之中，我生活的环境出现了不同的变迁，但我依旧像少时那样站在窗前观望外在的人。他们形形色色，林林总总，以不同而无穷的可能性出现在不同的时间里和地域中，我从眼前的窗口中看到他们的行为和活动，他们似乎很平常很微小的状态都会激发我心灵的某种震动和激荡，看到他们我似乎觉得世界就在咫尺之中，我仿佛可以看到整个世界。通过我的窗口，我看到人与世界的真相，并试图思索出人与人、人与世界的关系。

一直以来，在我的文学写作之中，我都喜欢去看人，我去酒吧，去广场，去车站，去食堂，去操场，去商场，去体育馆，去书店，在人群中似乎总有无尽的灵感宝藏等待我去发掘，我仿若可以成为人类心灵的收藏家。就在一丛丛的人群之中，我渐渐看清生活真实的面目，渐渐寻找到失落的自己。我想正是在这样的一次次"看"之中，我获取一种生命对这个世界的体验。那些在我眼前不断涌现又不绝远去的人，像夜梦中自我涌现的花朵，让我重新看到了自己的内心和生活。

文学使我懂得：认识与发现自己是比看到这个世界更难、更伟大的事情，而这样的人物采访正是行走在一种别样的认知世界和发现自我的征程上，或者说正是因为在其中发现自我得以更确切的看到世界。这让我对这个世界始终紧握好奇和怀疑，内心于无限悲悯和苍凉之中依旧怀有真诚和敬意。

多年的阅读与写作使我愈发懂得，若想更真切迫近和领悟人性和世界，往往只需要专注去凝视人们社会活动中哪怕是某一处微渺的行迹，都将会对感知世界体悟人间有着深刻的洞悉和思辨。人们在社会经济生活中往往最能展现人性与心灵更全面的真相，我的意思当然绝不是指在经济领域中的企业或人群都有着唯利是图的特质，（恰恰相反，我接触到的很多经济人士往往思想丰沛，见地深刻，才情满溢）而是说在经济所驱动下的社会生活中，人们往往迸发着更完整和真实的人性本色。这或许也是人认识自己的捷径。

保险作为社会经济生活中蒸蒸日上的领域，对这一行业，这一群体人们的追踪关切，将从金融界的侧面的独特角度与视野可以丰饶解析我们时代的变迁、文明生活的演进传承之中人们心灵家园图解和精神思想的密码，我想这恐怕才是这本书的真正意义和价值所在。所以，我相信这本书在它金融因子的孕育中跳脱了金融行业性的气质，呈现着更人性更指向心灵的呼应，我寄望她鼓荡着人文的光华，洋溢着文学的质感。

这本书将分为"先锋（理念超前、技艺特别、独特探索与实践的人物）、本色（于保险事业中通透人之性情与心灵剪影）、前线（有故事能触动人们心灵和思想的保险代理人）、特别推荐（保险之外又与保险紧密相关，以保险之目之情洞悉与感悟世界的人与事）"等四个单元。尤其想与读者分享的是"特别推荐"单元，这其中的人物在行业之内似乎与保险并无交集，但却在生活和命运中与保险紧密相连，息息相关，他们的命运在保险之外又交融于保险。可见保险对于人们生命那丝丝缕缕的影响与作用。正是在"特别推荐"单元这些似乎是保险行业之外的人那里，我获得一种超越保险行业性更广袤更浩瀚的人生理解和领悟，他们启悟我更深沉更宏阔地去思考生命，这无疑是我的生命中一种别致而饱含意蕴的修行和参悟。

与此前出版的《真容：保险大角色》相比，此本新的人物采访集中融入更多个性化和独特性的专访内容，全新的内容也更为多元化和具有亲近感，也许我们正可以在其中看到自己的生命影迹。我在文中的采访感悟力图对生命、命运有更深切和广阔的思索，我自然不敢说这样的思索有怎样的深度，但它一定是庄重和真切的，它绝不矫情，在这一个个的人物专访中我的心灵得到珍贵的滋养，它们是我一节节的生命课程。

我深知作为一个作者，在自己的后记中坦白对某一篇作品的偏爱是一件并不太讨巧和明智的事情，但是我依旧还是执拗地坦白，《一生》不单单是这本集子中我最喜爱和珍重的一篇采访作品，更是我多年来记者生涯里最为在乎和看重的新闻作品。就像在《一生》的"记者手记"中我写到的，这个选题使我一下就想到了余华的小说《活着》，记得我在18岁刚上大学时第一次读到《活着》，1个月的时间内我连续整整看了11遍。当苦难过去，当战争过去，当革命过去，当女人过去，当死亡过去，在一切之后，活下去成为活着的全部理由，活着就是为了活下去。这让我想起了年少时看电影《芙蓉镇》里的一幕，当剧中姜文被抓走时对刘晓庆大喊，"活下去，像牲口一样活下去。"这样令我经久不安的情境后来常常回荡在我的脑海，让我一次次深悟活着、生命的真实底色。正因为此，在写作《一生》这篇采访作品时，对我内心所产生的激荡和震颤是难以言说的，我认为这样激烈而真切的感触使我对生命有了更深邃的领悟。像这样的采访不能不说是一种幸运，也不能不说是一种福分。

作为行业媒体的一名记者，保险的专业性有着局限我的可能，但也正是因为保险的专业性使我的思维和视野有着更多的丰富，有着更大的延展。方兴未艾的保险早已深藏在社会生活的一角一隅，方寸之地也许都有着保险文化的落脚之所，保险已经连接着人们生活工作的每一环节，所以作为一名保险行业记者的经历，对于我感知和观望，理解与思考这个世界都更是一种大幸。在媒体职业性之内，保险作为一扇为我叩开世界全景的大门，通透而真切地为我展现出这个世界的奇妙和多样。

感谢我的父母对我的悉心培养和无尽的关爱，我成长成熟中的每一步都与这份绵长的关爱声息相连，他们是这个世界上我最忠实可信的朋友与读者。感谢我的妻子，她总让我忘却生活中所有的不愉快，与我的相伴相依使我面对这个世界时，勇气和坚强有了更确凿的理由，使我对命运永远心存感激。感谢法籍华人于巍东先生，作为忘年至交，他对我的丝丝入扣的深彻理解令我备感珍贵。感谢中国青年出版社编审彭明榜老师对我的信任与支持，对于这本书的编辑与出版，他付出了真诚的心意和无私的努力，他作为编辑使这本书焕发出光彩的智慧和昂扬的生机。

感谢中国保险报业公司领导对我的悉心培养和在工作上真诚的信任与热切的关怀，《中国保险报》赐予了我可以尽情挥洒情致与创作的舞台，鼓舞与激励我在这个舞台上有更多创造性的表演。有了她，我才得以成长、成熟，我才拥有丰沛与自由的创作可能。没有《中国保险报》的滋养，很难想象会有今天我可以实现的新闻理想价值与心愿，很难想象会有这个作品的呈现。这都将是值得我一生铭记与感恩的。

　　感谢著名保险学者郝演苏先生、著名诗人高星先生、著名媒体人王安先生、著名评论员童大焕先生和著名作家蒋栩新（狗子）先生不弃陋作，为本书赐序及评论，他们谈出了一个身在局中的作者思维所限没能看到或思索到的更深透的内容，使这本书有了更多元和丰饶的可读性，感谢他们并向他们致敬。

　　这个世界能激发我兴味的物事不算多，对人心魂的探求与思悟是令我经久痴迷和永怀兴趣的。这个世界上最大的谜题莫过于人，而谜底却始终不见影踪。人犹似一个深不可窥的迷宫，它使我心怀百感交集在其中流连忘返，试图领悟那些关于人心的奥秘。

　　实在喜欢戏剧大家曹禺先生那句话："人是多么的需要理解，人又是多么的难以理解。"

方磊

2013年6月